노년부
성경공부
Ⅰ-2

노년을 위한 성경의 파노라마

말씀 청춘

신약 이야기 첫 번째 복음서편 - 예수님의 생애와 교훈

대한예수교장로회총회교육자원부 편

한국장로교출판사

노년을 위한 교육목회 시리즈

말씀 청춘

초판발행 2018년 6월 25일
초판2쇄 2025년 6월 10일

편집인 대한예수교장로회총회교육자원부
총무 전호영
주소 03128 / 서울시 종로구 대학로3길 29 총회창립100주년기념관 7층
전화 (02) 741-4356 / (F) 741-3477
홈페이지 www.edupck.net

발행인 강성훈
발행소 한국장로교출판사
주소 03128 / 서울시 종로구 대학로3길 29 총회창립100주년기념관 4층
전화 (02) 741-4381 / (F) 741-7886
영업국 (031) 944-4340 / (F) 944-2623
등록 No. 1-84(1951. 8. 3.)

집 필 자 김승학 김의신 김후식 문은희 문재진 박미경 안재평 우영수 이선재 이희수 정해우 조혜민 최동환 함택 홍정근 이진원 고민정
기획편집 이진원, 강푸름 출판편집 원지현, 이우진
감 수 류영모, 이종록 표지 본문 디자인 최종혜

머리말

노년을 대상으로 한 성경공부 교재인 "말씀청춘" 시리즈를 출판하게 됨을 하나님 앞에 감사드린다.

지금까지 많은 이들이 교회학교를 영아부부터 청년부까지만이라고 오해하는 경우가 종종 있어 왔지만 실제로 교회학교는 모든 연령대를 포함하는 교회의 교육목회를 담당하여 왔다. 더군다나 100세 시대인 요즘 교회학교는 장년부와 노년부를 포함하여 모든 연령대를 교회학교의 범주에 편입시키고 있다. 이런 면에서 노년부 성경공부 교재인 "말씀청춘" 시리즈의 출간은 교회학교 내에 노년부가 신앙적으로 건강하게 운영되도록 돕게 될 것이다.

우리 총회는 노년부 교재를 몇 차례에 걸쳐 개발하였다. "하늘향기" 시리즈와 "하늘잔치" 시리즈가 그 대표적인 교재들이다. 그리고 이번에 성경의 파노라마로 펼쳐지는 "말씀청춘"이 새롭게 출간되었다.

교재가 나오기까지 수고하여 주신 분들에게 감사드린다. 성경의 파노라마 요목을 위해 수고 해주신 홍정근 목사와 바쁘신 가운데도 좋은 글로 함께 해주신 집필자 여러분들에게 깊은 감사를 드리며 본 교재가 나오기까지 전체 기획과 편집을 위해 수고하신 총회교육자원부의 이진원 목사와 강푸름 목사, 고민정 전도사 그리고 한국장로교출판사 사장 채형욱 목사와 직원 여러분에게도 감사를 드린다.

2018년 5월

총회교육자원부 총무

김치성 목사

―

말씀청춘
둘러보기

둘러보기1. 어떻게 구성되었나요?

노년기의 관점에서 신구약 성경 전체를 구속사적 흐름을 따라 바라볼 수 있도록 학기당 20과씩 총 120과로 진행되어 말씀 안에서 지속적인 신앙성장에 도움이 되도록 했습니다.

각 과는 네 단계의 과정으로 되어 있고 30분~40분(?) 동안 진행할 수 있습니다. 각 과는 "오늘의 믿음 구호"를 외치고 오늘의 말씀을 읽고 함께 찬송을 부르며 시작합니다. 구성은 다음과 같습니다.

1. 생각으로의 초대 예화를 통해 자신의 삶을 돌아보고 마음을 엽니다.
2. 말씀으로의 초대 말씀 속에서 하나님의 뜻을 발견합니다.
3. 삶으로의 초대 말씀을 우리의 삶에 적용하고 실천할 수 있는 활동을 함께 나눕니다.
4. 기도로 아뢰기와 주기도 깨달은 말씀을 마음에 새기며 하나님의 도우심을 구합니다.

둘러보기2. 어떤 내용을 다룰까요?

노년부 교재라는 특성을 고려하여 아래와 같은 내용을 선정하여 다루고 있습니다.

1. 성경 전체를 구속사의 관점에서 바라볼 수 있도록 하였습니다.
2. 성경의 연대기를 반영하여 쉽게 이해하도록 하였습니다.
3. 성경인물의 이야기와 삶을 다양하게 반영하였습니다.
4. 삶의 지혜를 담고 있는 본문을 중심으로 합니다.
5. 전반기는 사순절과 부활절, 후반기는 추수감사절과 성탄절 절기를 반영하였습니다.

둘러보기3. 어떻게 활용할까요?

본 교재는 실제 삶의 자리에서 일어나는 많은 일들을 소재로 하는 예화를 통해 서로 진솔하게 이야기를 나누고 성경을 통하여 우리의 모습을 성찰하고 결단하여 깨달은 내용을 실천할 수 있도록 쓰였습니다. 각 교회의 사정에 따라 효율적으로 활용할 수 있는 다양한 방법을 다음과 같이 제안합니다.

1. 소그룹으로 나누어 진행해요.

* 5−7명이 한 개의 소그룹을 이루면 가장 좋습니다.

* 서로 비슷한 연령대의 사람들을 같은 소그룹에 편성해 주면 서로 공감대를 형성하는데 도움이 됩니다.

* 그룹원 중에 역할을 나누어 줍니다.

① 조장 : 전체공지사항 전달, 단체 SNS 활성화

② 도우미 : 간식준비, 사진관리, 모임장소, 준비물 확인

2. 40주로 나누어 진행해요.

1년 동안 동절기 하절기를 뺀 40주간 매주 1회 진행할 수 있도록 구성하였습니다. 교회에 사정에 따라 유동적으로 진행하시기 바랍니다.

3. 온라인 SNS를 활용해요.

* 함께 성경공부와 QT를 함께 나눈다는 마음으로 동참합니다.

* 도움이 되는 찬양이나, 서적, 신문 기사나 동영상을 올려 줍니다.

* 매일 한 명씩 담당자를 정해 기도문이나 찬양을 올리도록 합니다.

* 공지사항을 전달하거나 확인합니다.

* 가정에서의 실천사항을 인증샷이나 후기로 올려 구성원들과 공유합니다.

* 함께하는 사람들과 시간을 정하여 중보기도 모임을 갖습니다.

4. 서로를 위해 기도하며 진행해요.

<table>
<tr><th>이름</th><th colspan="4">함께 품고 함께 기도해요.</th></tr>
<tr><td rowspan="3"></td><td>가족</td><td></td><td>가족 연락처</td><td></td></tr>
<tr><td>연락처</td><td></td><td>메일주소</td><td></td></tr>
<tr><td>기도제목</td><td colspan="3"></td></tr>
</table>

5. 이것만은 꼭 약속해요!

모임의 원활한 진행과 활성화를 위해 다음의 다섯 가지 약속을 함께 다짐하며 힘차게 출발합시다. 추가로 더 약속을 정하여도 좋습니다.

나 ____________는 성경공부에 다음과 같이 성실히 임할 것을 약속합니다.

20 년 월 일

내 용	서약
약속1 모임시간 지키기	
약속2 마치는 시간 지키기	
약속3 주제에서 벗어난 내용은 자제하기	
약속4 솔직하게 모둠원들에게 마음을 오픈하기	
약속5 함께 나눈 대화내용은 절대! 비밀 보장하기	

다섯 가지 약속과 함께 행복한 말씀청춘이 되기 위해 함께 읽도록 합니다.

우리는 행복한 말씀청춘!

1. 다양한 사람들이 한 성령님 안에서 아름다운 공동체를 이룹니다.
2. 기쁜 일, 슬픈 일이 생겼을 때 자기 일같이 나서서 서로를 챙깁니다.
3. 모일 때마다, 서로의 기도 제목을 내어 놓고 기도합니다.
4. 모일 때마다, 서로 격려하고 칭찬합니다.
5. 모일 때마다, 세상 이야기보다 영적인 이야기에 집중합니다.
6. 모일 때마다, 말씀을 배우려는 분과 함께 옵니다.
7. 모일 때마다, 참석하지 않은 분의 가정 분위기를 파악하고 대처합니다.
8. 모일 때마다, 새로 온 분이나 믿음이 어린 분을 항상 배려합니다.
9. 모일 때마다, 함께 성경공부하는 분들의 영적 성장과 건강을 위해 기도합니다.
10. 모일 때마다, 참석한 모든 사람이 한 마디 이상씩 자신의 생각을 이야기하도록 합니다.

차례

전체기획 이진원 강푸름 감 수 류영모, 이종록 요 목 홍정근
집 필 자 김승학 김의신 김후식 문은희 문재진 박미경 안재평 우영수 이선재 이희수 정해우
조혜민 최동환 함택 홍정근 이진원 고민정

제1과 마태복음이 들려주는 기쁜 소식

주안점 / 예수님이 구주로 오셨음을 믿고 살아가는 사람들은 넘치는 기쁨을 경험합니다.

오늘의 믿음구호 외치기 _ "예수님을 구세주로 믿고 날마다 기쁨이 충만한 노년이 되자."

★ 본문말씀 _ 마태복음 2 : 1~12

"그들이 별을 보고 매우 크게 기뻐하고 기뻐하더라"(10절)

★ 함께 부르는 찬송 _ 찬송가 109장 1절

1. 고요한 밤 거룩한 밤 어둠에 묻힌 밤 주의 부모 앉아서 감사기도 드릴 때 아기 잘도 잔다 아기 잘도 잔다

생각으로의 초대

경북 안동에서는 12월 초가 되면 예수님의 나심을 기뻐하고 축하하기 위해 교회들이 연합하여 시내 중심가에서 예배를 드리며 성탄트리 점등식을 갖습니다. 이 축하예배와 점등식에는 성도들 외에도 많은 기관장들과 시민들이 초대됩니다. 예배와 점등식 전에 이루어지는 식전 행사는 주로 초등학교 학생들이 부르는 성탄을 주제로 한 찬송가와 캐럴, 그리고 율동으로 구성되어 있습니다. 12월 초라 날씨는 춥지만 초등학생들이 부르는 성탄 찬송과 캐럴, 그리고 율동은 참석한 모든 사람들의 마음을 기쁨으로 가득 차게 합니다. 예수님을 찬송하는 곳에도 기쁨이 있는데, 예수님이 친히 계신 곳은 얼마나 기쁨이 넘치겠습니까?

말씀으로의 초대

동방박사들은 아기 예수를 만남으로 기쁨에 찼습니다.

동방박사들은 자신들을 인도하던 큰 별을 보고 그 별을 따라 먼 길을 왔습니다. 자신들을 인도하던 별이 아기 예수님이 계신 곳에 멈추자 그들은 그곳에 들어가 아기 예수님께 경배하고 가지고 온 황금과 유향과 몰약을 예물로 드렸습니다. 동방에 살고 있던 박사들이 가지고 있던 꿈은 구세주로 이 세상에 오신 예수님을 만나는 것이었습니다. 그래서 그들은 산을 넘고 광야를 지나고 물을 건너 이곳까지 왔던 것입니다. 박사들은 예수님을 만난 후 값진 선물을 드리며 성탄의 기쁨을 표현하였습니다.

우리 삶은 예수님을 만남으로 기쁨이 넘칩니다.

예수님께서는 죄로 영원히 죽을 수밖에 없는 우리를 구원하시기 위해 인간의 몸으로 이 세상에 오셨습니다. 하나님께서는 동방박사들처럼 우리 모두도 구세주로 오신 예수님을 만나길 원하십니다. 예수님을 만나는 여정이 고통스럽고 힘들어도 예수님을 찾아 나서야 합니다. 먼 길을 나섰던 동방박사들의 수고는 말로 다 표현할 수 없습니다. 그러나 예수님을 만났을 때 그들은 이 세상에서 결코 맛보지 못한 큰 기쁨을 얻을 수 있었습니다.

여러분은 동방박사가 경험한 기쁨을 맛본 적이 있습니까? 예수님을 만난 후에 슬픔과 상처, 불안과 염려가 눈 녹듯 사라지고 이전에 경험하지 못한 기쁨을 느낀 적이 있습니까?

삶으로의 초대

기쁨은 하나님께서 주시는 선물이며 이는 세상이 주는 기쁨과는 완전히 다른 것이라고 성경에서 말하고 있습니다. 그렇다면 외롭고 쓸쓸한 노년에도 기쁨이 넘치는 삶을 살기 위해서 어떤 습관을 가져야 할까요?

1. '기쁨의 일기장'을 준비하여 잠자리에 들기 전에 그날 내가 경험했던 것들을 3~5개 정도 기록합시다. ('기쁨의 일기장'은 기쁨을 선사하는 상자나 서랍이 될 수도 있습니다.)

2. 내게 기쁨을 준 사람의 사진이나 물건을 '기쁨의 일기장'에 끼워 보관하였다가 가끔 그것을 보면서 그가 내게 기쁨을 주었던 기억을 되살립시다.

3. 기쁨은 다른 사람에게 전달됩니다. 따라서 날마다 기쁘고 즐겁게 살아가는 이웃들과 만나 기쁨을 나눌 때 우리는 기쁨 바이러스에 감염되어 기쁨의 나날을 살 수 있습니다.

4. 질병, 외로움과 같은 고난은 우리를 훈련시키시는 하나님의 방법이기도 합니다. 따라서 고난을 당할 때 하나님의 뜻을 생각하면 나도 모르는 사이에 기뻐할 수 있음을 잊지 마십시오.

※ 척 스윈돌(Chuck Swindoll)의 "기쁨을 키우는 7가지 방법"을 각색했습니다.

기도로 아뢰기와 주기도

사랑의 하나님, 매일매일 예수님을 만나며 세상이 줄 수 없는 기쁨이 넘치는 삶을 살아가게 하옵소서. 예수 그리스도의 이름으로 기도합니다. 아멘.

제2과 누가복음이 들려주는 기다림의 은총

주안점 / 하나님을 믿고 의지하는 삶을 살아가는 이에게 하나님께서는 은총을 더하여 주십니다.

오늘의 믿음구호 외치기 _ "굳센 믿음으로 한결같은 인생을 살자!"

★ 본문말씀 _ 누가복음 2 : 22~39

"예루살렘에 시므온이라 하는 사람이 있으니 이 사람 의롭고 경건하여 이스라엘의 위로를 기다리는 자라 성령이 그 위에 계시더라"(25절)

★ 함께 부르는 찬송 _ 찬송가 545장 1절

1. 이 눈에 아무 증거 아니 뵈어도 믿음만을 가지고서 늘 걸으며 이 귀에 아무 소리 아니 들려도 하나님의 약속 위에 서리라 걸어 가세 믿음 위에 서서 나가세 나가세 의심 버리고 걸어 가세 믿음 위에 서서 눈과 귀에 아무 증거 없어도

생각으로의 초대

독일에 전설처럼 내려오는 이야기가 있습니다. 바바리아(Bavaria)라는 성에 루드비히(Ludwig) 공작이 살고 있었습니다. 백성들은 사람들을 함부로 대하고 괴롭히는 포악한 성격의 공작을 두려워했습니다. 그런 어느 날 공작이 사냥을 나갔다가 숲 속 한 작은 예배당에 들어가 오랜만에 기도를 하는데 갑자기 예배당 벽에 무슨 글씨가 쓰이는 것입니다. 순식간에 보였다가 사라졌기에 앞부분만 기억났습니다. 삼 일인지, 석 달인지, 삼 년인지 아무튼 그 기한 내에 무서운 심판이 있을 것이라는 내용이었습니다. 이제껏 죄를 많이 지었던 공작은 하나님의 심판이 삼 일 안에 일어날지 모른다는 생각에 삼 일 동안 아내와 부하들에게 잘 대해 주었습니다. 죽어서 하나님 심판대 앞에 설 생각을 하며 삼 일째 되던 날 높은 탑 위로 올라갔습니다. 그러나 아무 일도 생기지 않았습니다. 공작은 다시 생각했습니다. 삼 일이 아니라 석 달이었구나. 그래서 공작은 석 달 동안 가족과 백성들에게 최선을 다했습니다. 그런데 석 달이 지나도 죽지 않는 것입니다. 석 달을 무사히 넘긴 공작은 마지막 자기가 본 글자가 삼 년이라는 확신을 가졌습니다. 삼 년 동안 열심히 이웃에게 선행하면서 하나님이 기뻐하실 수 있는 삶을 살았습니다. 그러던 어느 날 갑자기 나팔소리와 함께 독일 왕실에서 사절단이 왔습니다. 바로 루드비히 공작을 독일의 황제로 모시기 위한 사절단이었습니다. 그동안의 공작의 선행과 바른 삶이 전국에 소문이 났고 새로운 독일의 황제로 추천이 되었던 것입니다. 삼 일, 삼 개월, 삼 년을 하나님 심판대 앞에 설 것을 생각하며 하루하루 열심히 살았던 공작은 생각지도 않은 독일의 황제가 될 수 있었습니다.
"너는 청년의 때에 창조주 하나님을 기억하라"(전 12 : 1a) 하신 전도서의 말씀처럼 언제 어디서나 하나님의 자녀다운 삶을 살아가는 것이 복이요, 그 삶은 하나님의 은총을 경험하는 삶이 될 것입니다.

말씀으로의 초대

아기 예수님의 정결 예식에 대한 이야기입니다.

아브라함 시대부터 오랜 세월 히브리인들은 아이들에게 행하는 할례와 이름 지어 주는 일을 매우 중요하게 여겨 왔습니다. 이 의식은 하나님과 그 아이가 특별한 관계를 맺는다는 의미를 갖기 때문입니다. 당시 율례로는 어떤 아이도 이름과 할례의 흔적을 갖지 않고는 하나님의 백성이 될 수 없었습니다. 예수의 부모는 이제 태어난 지 40일 째가 된 예수를 율법에 따라 정결 예식을 행하러 성전으로 데리고 갔습니다. 그곳에서 놀라운 일이 일어납니다. 나이가 많았지만 여전히 메시야에 대한 희망을 버리지 않았던 시므온과 성전에 거하던 여선지자 안나를 만난 것입니다. 시므온은 의롭고 경건한 사람이요 이스라엘의 위로를 기다리는 성령의 사람이었습니다. 성경 본문에서 '의로운'은 이웃들과 맺고 있는 관계를, '경건함'은 하나님과 맺고 있던 관계를 뜻하며, '이스라엘의 위로를 기다리는 자'라 함은 하나님께서 이 백성을 불쌍히 여기셔서 긍휼과 은총으로 새로운 희망을 주실 것이라는 굳건한 믿음을 가졌다는 의미입니다. 또한 자신은 그리스도를 보기 전에는 죽지 않을 것이라는 성령의 말씀은 시므온의 간절한 희망에 대한 하나님의 선물과 같아 보입니다.

신실한 사람 시므온이 아기 예수를 만납니다. 그리고 그가 노래합니다.

"주재여 이제는 말씀하신 대로 종을 놓아주시는도다" 아이를 품에 안고 부르는 이 노래에 오랜 세월 동안 그의 마음에 있던 기도를 응답해 주시는 하나님의 은총을 느끼게 됩니다. 시므온이 아직 아이를 안고 있을 때 아주 오랫동안 남편을 잃고 홀로 성전에서 지내 온 여선지자 안나가 등장합니다. 그녀도 아기 예수를 알아봅니다. 신실한 마음으로 하나님께 기도하며 믿음의 깊은 눈을 가진 여인에게 모든 죄를 속량하고 하나님의 구원을 이룰 아기 예수의 미래가 보인 것입니다. "하나님께 기도하는 이는 기다릴 수 있고 기대할 수 있다" 의롭고 경건한 시므온과 신실한 여선지자 안나는 늘 지녀왔던 하나님과의 깊은 교제로 인해 하나님께서 이루어 가시는 놀랍고 신비한 일들을 미리 알아볼 수 있는 믿음의 사람들이었습니다.

하나님을 가까이하는 삶은 복된 인생입니다.

시편 73 : 28의 말씀처럼 '하나님께 가까이하는 것이 복'이 됩니다. 그 복은 하나님과 친밀하게 동행하며 그 삶에 은총과 보람을 누리는 열매 있는 인생입니다. 선한 일을 하면서 지치지 않고, 기도와 말씀으로 나의 삶을 풍성히 채워 가며, 하나님과 함께 살아가는 인생의 여정은 시므온과 안나처럼 하나님이 행하시는 놀라운 일들을 보고 감격하는 복된 인생이 될 것입니다.

나는 하나님과 가까이하는 복된 인생을 살고 있나요?

삶으로의 초대

다음은 하나님과 동행하는 삶이 되고, 신실한 모습으로 삶의 여정을 걸어갈 수 있도록 도움이 되는 신앙 훈련으로, 아래 글을 여러 번 읽어 가면서 암송해 보십시오.

"하나님 앞에서 신실함으로 부끄러움이 없고, 이웃 앞에서 진실함으로 거리낌이 없고, 내 자신에게 성실함으로 후회함이 없습니다."

시므온과 안나는 신실하게 하나님과 동행하며 아기 예수를 만나는 기쁨을 누렸습니다. 위에 있는 글귀를 마음에 새기고 되뇌며 자신의 삶을 하나님과 이웃 앞에서 의롭고 경건하게 살아가도록 노력합시다.

1. 3분의 시간을 가지고 여러 차례 읽어 가면서 암송해 보십시오.
2. 돌아가면서 자신이 암송한 내용을 발표해 보십시오.
3. 더 나아가 하나님 앞에서 신실하며 이웃 앞에서 진실하게, 그리고 자신에게 성실하게 살아가기 위해 좀 더 노력해야 하는 내용을 서로 나누어 보십시오.

기도로 아뢰기와 주기도

사랑과 은혜의 주 하나님, 서로를 위로하고 격려하면서 주님께서 허락하신 인생을 복되게 살아가는 은혜를 더하여 주소서. 예수 그리스도의 이름으로 기도합니다. 아멘.

제3과 말씀으로 시험을 이기신 예수님

주안점 / 말씀으로 인생의 광야의 시험을 이겨 냅시다.

오늘의 믿음구호 외치기 _ "말씀으로 무장하고, 말씀으로 시험을 이겨 내자"

★ 본문말씀 _ 마태복음 4 : 1~11

"예수께서 대답하여 이르시되 기록되었으되 사람이 떡으로만 살 것이 아니요 하나님의 입으로부터 나오는 모든 말씀으로 살 것이라 하였느니라 하시니"(4절)

★ 함께 부르는 찬송 _ 찬송가 342장 1절

1. 너 시험을 당해 죄 짓지 말고 너 용기를 다해 곧 물리치라 너 시험을 이겨 새 힘을 얻고 주 예수를 믿어 늘 승리하라 우리 구주의 힘과 그의 위로를 빌라 주님 네 편에 서서 항상 도우시리

생각으로의 초대

세계적인 영성가 헨리 나우웬은 『예수의 이름으로』라는 책에서 예수님의 시험을 살펴봅니다. 첫째는 돌들로 떡 덩이가 되게 하라는 '현실'에 대한 시험입니다. 배고픔이라는 시험 앞에 세상은 우리들에게 '현실적이 되라'고 유혹합니다. 현실의 모든 문제는 믿음의 문제가 아니라 현실적 능력과 자신감의 부재라고 다그칩니다. 두 번째는 하나님의 아들이어든 뛰어내리라라고 합니다. 이것은 멋있게 보이기 위한 시험으로, 예수님께 열렬한 환호를 가져다줄 '스타가 되라'는 유혹입니다. 하지만 예수님은 스타의식과 개인적 영웅주의를 거부하였습니다. 세 번째는 힘에 대한 시험이었습니다. '힘이 최고'라는 유혹입니다.

나우웬은 기독교 영성신학 교수로 재직하던 시절, 그의 나이 50세 되었을 때 이런 질문에 직면하게 되었습니다. "나이를 더 먹는다는 것이 나를 예수께로 더 가까이 나아가게 했는가?" 모든 사람들은 그가 아주 잘하고 있다고 하였지만 그가 자신 성공의 힘이 그의 영혼을 위험에 빠뜨리고 있다는 내면의 소리를 듣게 됩니다. 결국에는 하버드 대학에서 라르쉬(정신장애인 공동체)로 삶의 자리를 옮기게 됩니다. 그는 세상적인 힘을 포기한 그곳에서 진정한 사랑의 의미를 깨달았고, 새로운 언어를 알게 되었다고 고백합니다.

말씀으로의 초대

예수님은 광야에서 말씀으로 시험을 이기셨습니다.

예수님께서는 공생애를 시작하시기 전에 광야로 들어가셨습니다. 광야는 예수님께 기도의 자리였으며 동시에 시험의 자리였습니다. 광야는 시험과 유혹이 있는 모든 사람의 삶의 자리를 상징합니다. 예수님은 광야의 시험을 신명기의 말씀으로 이겨 내셨습니다. 떡에 대한 시험은 "사람이 떡으로만 살 것이 아니요 하나님의 입으로부터 나오는 모든 말씀으로 살 것이다"(8 : 3)는 말씀으로 물리치셨고, 성전 꼭대기에서 뛰어내려 스타가 되어 보라는 유혹에는 "주 너의 하나님을 시험하지 말라"(6 : 16)는 말씀으로 극복해 내셨습니다. 세상 영광에 대한 유혹은 "주 너의 하나님께 경배하고 다만 그를 섬기라"(6 : 13)는 말씀으로 물리치셨습니다. 주님께서 사람들이 가장 넘어지기 쉬운 시험들을 말씀으로 능히 이겨 내시는 모습은 우리에게 세상 가운데서 시험을 어떻게 무엇으로 이겨 내야 하는지를 보여 주신 것입니다.

말씀으로 무장하면 인생의 시험을 이겨 낼 수 있습니다.

누구에게나 광야의 시간이 있고, 시험과 유혹이 있습니다. 예수님처럼 말씀으로 사탄의 유혹을 이겨 내려면 먼저 무엇을 해야 할까요? 하나님의 말씀을 우리 안에 채워 놓는 일이 우선입니다. 그러기 위해서는 날마다 말씀을 듣고 읽고 묵상해야 합니다. 이런 말이 있습니다. "말씀을 매일 생각하는 것을 묵상이라 하고, 문제를 계속 생각하는 것을 염려라고 한다." 시편 1편에는 복 있는 사람에 대하여 말하면서 "오직 여호와의 율법을 즐거워하며 그 율법을 주야로 묵상하는 사람이 복이 있는 사람이고, 그 사람은 시냇가에 심은 나무 같아서 모든 일에 형통할 것이다."라고 노래합니다. 말씀으로 세상의 유혹들을 이겨 내고, 말씀으로 형통하는 인생을 만들어 가기를 바랍니다.

내 인생의 시험과 유혹은 무엇이었으며 어떻게 이길 수 있었나요? 지금도 떨치지 못하는 시험과 유혹은 무엇인가요?

삶으로의 초대

말씀으로 시험을 이기신 예수님처럼 말씀으로 무장하고, 말씀으로 시험을 이겨 내는 삶을 결단하는 시간을 가져 봅시다.

준비물 : 두꺼운 도화지, 가위, 매직, 초시계
소요 시간 : 10~20분

말씀으로 어려움 뒤집기

① 나를 시험에 들게 하는 어려움을 나누어 봅시다.
② 한 사람당 도화지를 한 장씩 나누어 주고, 종이를 4등분으로 오립니다.
③ 오린 종이마다 뒷면에는 어려움들을 적고, 앞면에는 '말씀'이라고 적습니다.
④ 모두 모아서 한 명씩 진행자와 판 뒤집기 활동을 진행합니다. 주어진 시간 동안 진행자는 계속해서 어려움들이 보이도록 뒤집고, 활동 순서에 해당하는 사

람은 말씀이 윗면으로 보이도록 뒤집습니다. (이때 60초를 초시계로 재며 진행합니다.)

⑤ 다음 사람도 동일하게 판 뒤집기를 진행합니다.

⑥ 말씀이 보이도록 판 뒤집기를 진행하며, 삶의 모든 시험과 어려움들을 말씀으로 이기리라 결단합니다.

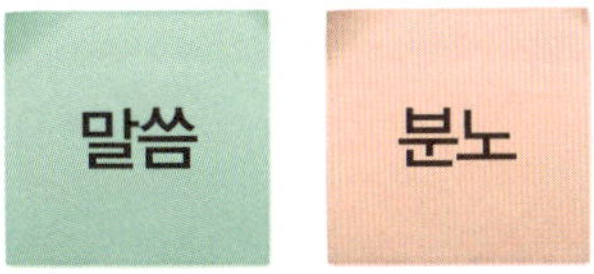

앞면과 뒷면

말씀으로 어려움 뒤집기

※ 두 명씩 짝지어 말씀으로 어려움 뒤집기를 진행해 볼 수도 있고, 판을 넉넉히 준비하여 두 팀으로 나누어 제한 시간 동안(90초, 3분) 판 뒤집기 활동을 진행할 수도 있습니다. 두꺼운 도화지 대신에 부직포나 펠트지, EVA 등 다양한 소재를 활용할 수 있습니다.

※ 판 뒤집기는 순발력과 집중력을 향상시키고, 손가락을 움직여 뇌 활성화에 도움을 주는 활동입니다. 활동 참여능력이 개인마다 다르기에 엄지와 검지만 사용, 양손 사용, 왼손 사용, 엄지와 약지만 사용 등 다양한 방법으로 난이도를 조절하여 진행하는 것이 좋습니다.

기도로 아뢰기와 주기도

하나님, 우리 삶의 자리에 다양한 시험과 유혹들이 있지만, 말씀을 묵상하며 말씀으로 시험을 이겨 내는 자녀가 되게 하소서. 예수 그리스도의 이름으로 기도합니다. 아멘.

제4과 어린 양을 보라

주안점 / 예수님은 우리 죄를 대신하신 어린 양 구세주이십니다.

오늘의 믿음구호 외치기 _ "어린 양을 바라보면 반드시 삽니다!"

★ 본문말씀 _ 요한복음 1 : 29~34

"이튿날 요한이 예수께서 자기에게 나아오심을 보고 이르되 보라 세상 죄를 지고 가는 하나님의 어린 양이로다"(29절)

★ 함께 부르는 찬송 _ 찬송가 94장 1절

1. 주 예수보다 더 귀한 것은 없네 이 세상 부귀와 바꿀 수 없네 영 죽은 내 대신 돌아가신 그 놀라운 사랑 잊지 못해 세상 즐거움 다 버리고 세상 자랑 다 버렸네 주 예수보다 더 귀한 것은 없네 예수밖에는 없네

생각으로의 초대

미국에서 대통령 선거가 있을 때 이슈가 되었던 것 중 하나는 미국–멕시코 국경에 장벽을 세우는 것이었습니다. 아메리칸 드림을 찾아서 매년 수백 명의 멕시코 인들이 위험을 무릅 쓰고 국경을 넘다가 사망합니다. 또한 지난 수년 동안 유럽과 세계로 쏟아지는 시리아 난민은 전 세계가 주목하고 걱정하는 일이 되었습니다. 수백 만 명의 시리아인들이 인권이 무시되고, 무차별 폭행과 폭격, 살해가 자행되는 본국으로부터 피신하여 국내 이재민이 되거나 국제 난민이 되고 있습니다. 이같이 생명을 걸고 탈출하여 이웃나라로 밀항을 시도하다가 죽는 사람들에 대한 기사를 우리는 수시로 접하게 됩니다.

생명의 길을 찾아 나서는 사람들, 좀 더 안전하고 생명을 지킬 수 있는 곳을 찾아 필사적으로 탈출을 하는 사람들이 오늘도 지구촌 곳곳에 흩어져 있습니다. 도착한 그곳이 안전이 보장되고 생명이 보장되는 곳일까요? 육신의 생명을 넘어 영원한 생명을 얻을 수 있는 길이 그곳에 있을까요?

'참 생명의 길', '구원의 길'은 어디에 있을까요?

말씀으로의 초대

우리는 '왜' 어린 양, 예수를 바라보아야 할까요?

세례 요한은 자기 앞에 나아오는 예수님을 보면서 '보라, 세상 죄를 지고 가는 하나님의 어린 양이로다'라고 했습니다. 예수님은 그냥 양이 아닙니다. 세상 죄를 지고 가는 '어린 양'입니다. '죄의 삯은 사망'(롬 6 : 23)으로 죄의 문제를 해결하지 않으면 우리는 모두 죽을 목숨입니다. 구약성경에는 사람이 죄를 지으면 용서받을 수 있는 유일한 길은 양을 가지고 성소에 와서 죽이는 일이었습니다. 그런데 이제는 우리의 죄를 대신 지는 분이 계시다는 것입니다. 죄 값을 탕감 받을 수 있는 길이 있다는 것입니다. 즉 '어린 양이신 예수님을 보라'는 것은, 그 양의 죽음 속에서 나를 위해 고통당하며 죽으신 그리스도 예수님을 보라는 것입니다. 세례 요한은 예수님이 장차 세상의 모든 죄를 홀로 지시고 십자가의 대속의 죽음을 감당하실 분으로 알아차린 것입니다. 어린 양, 예수님을 바라보십시오. 거기에 참 생명의 길, 참 평안의 길이 있습니다.

예수님은 누구시길래 그를 바라보아야 할까요?

구원의 길에서 갖게 되는 한 가지 질문은 “예수님은 과연 누구시길래 세상의 죄를 모두 대신할 수 있을까?”입니다. 세례 요한은 예수님을 이렇게 소개합니다. 첫째, ‘먼저 계신 분’(요 1 : 30)입니다. 예수님은 세례 요한보다 늦게 태어나셨지만 이미 먼저 계셨던 분이십니다. 예수님은 하나님과 성령님과 태초 전에 이미 계셔서 창조사역에 참여하시고, 천지만물을 주관하시는 분이십니다. 둘째, ‘성령이 머무시는 분’(요 1 : 32)입니다. 성령님께서 예수님과 함께 계셔서 그와 함께 일하십니다. 셋째, ‘하나님의 아들’(요 1 : 34)입니다. 궁극적으로 예수님은 성자, 하나님의 아들이십니다.

예수님을 바라보는 것은 하나님을 바라보는 것입니다. 하나님을 바라보는 자는 구원을 받고, 생명을 얻게 됩니다. 왜냐하면 ‘생명의 주관자’는 하나님이시기 때문입니다. 하나님이신 예수님만이 참 생명의 구속자가 될 수 있습니다. 인간으로서는 그 누구의 생명을 대신하는 것이 불가능합니다. 가능할지라도 한계가 있습니다. 그러나 그리스도 예수님께는 온 세상을 구할 수 있는 능력이 있습니다. 그러기에 우리는 어린 양, 예수님을 바라보아야 합니다.

나는 어린 양 예수님을 바라보고 있나요?

삶으로의 초대

생명에는 몇 가지 차원이 있습니다. 그 생명을 건강히 유지하기 위해서는 열심히 운동해야 합니다.

1. 육적 건강을 위한 생명운동 : 매일 일정량의 운동 목표를 정하여 운동하고, 점검해 봅시다.

예) 매일 정한 걸음만큼 걷기, 아침마다 맨손체조하기 등
(모임 자리에서 교사가 준비한 간단한 운동을 함께 하며 교제할 수 있음)

2. 영적 건강을 위한 생명운동 : 정한 시간, 정한 장소에서 기도하기(기도내용을 정하여 기도하기), 매일 일정량의 성경읽기(평일 3장, 주일 5장을 읽으면, 일년에 성경일독을 할 수 있습니다.)

3. 영원한 생명운동 : 생명의 가치는 재생산에 있음을 알고, 가족, 친척, 친구 전도하기(목표를 정하고, 전략을 짜서 전도하기)
이 주간의 나의 실천 목표 :
1)
2)
3)

기도로 아뢰기와 주기도

하나님, 어린 양 예수님을 통해 우리를 구원하심에 감사드리며, 이웃에게 어린 양 예수님을 소개하는 삶을 살게 하옵소서. 예수 그리스도의 이름으로 기도합니다. 아멘.

제5과 제자의 발을 씻기신 예수님

주안점 / 제자들과 사람들을 섬기셨던 예수님을 따라 섬김의 삶을 삽시다.

오늘의 믿음구호 외치기 _ "예수님 닮는, 예수님처럼 섬기는 노년이 되자."

★ 본문말씀 _ 요한복음 13 : 1~15

"내가 주와 또는 선생이 되어 너희 발을 씻었으니 너희도 서로 발을 씻어 주는 것이 옳으니라 내가 너희에게 행한 것같이 너희도 행하게 하려 하여 본을 보였노라"(14 – 15절)

★ 함께 부르는 찬송 – 찬송가 484장 1절

1. 내 맘의 주여 소망 되소서 주 없이 모든 일 헛되어라
밤에나 낮에나 주님 생각 잘 때나 깰 때 함께 하소서

생각으로의 초대

다음은 어느 교회에 다니는 76세 김 권사님의 글입니다.
나는 목요일마다 교회 경로대학에 나갑니다. 귀한 말씀도 듣고, 열심히 건강체조도 따라하고 특별활동에도 참여하고 맛있는 식사도 합니다. 그런데 지난주 경로대학에서 누군가 이름을 밝히지 않고 준비한 선물을 나누어 주었는데, 나는 화장실에 다녀왔다가 못 받았습니다. 교사들도, 주변 노인들도 아무도 눈치를 못 채고 챙겨 주지 않았습니다. 서운한 마음이 들었습니다. 비싸지 않은 머플러 하나였지만 챙겨 주지 않으니 서운했습니다. 그러고 나서 오늘 교회 마당에서, 교사가 어느 집사님에게 하는 말을 우연히 듣게 되었습니다. "오 집사님, 그렇게 힘들게 폐품을 모으시면서 선물을 다하셨어요?" "내가 뭘? 예수님께 받은 사랑에 비하면 아무것도 아니지……" 그 집사님은 생활형편이나 경제적인 사정이 넉넉하지 않았습니다. 그에 비하면 나는 꽤 여유가 있습니다. 그런데 저 집사님은 저렇게 섬기는데 나는 그것 하나 못 받았다고 서운해 하다니 많은 생각을 하게 됐습니다.

말씀으로의 초대

예수님은 섬김과 희생의 본을 보이셨습니다.

예수님은 자신이 아버지께로 돌아갈 때가 이른 줄 아시고 유월절 전 저녁식사 중에 제자들의 발을 씻겨 주십니다. 손수 대야에 물을 떠다가 허리에 수건을 두르시고 제자들의 발을 씻기십니다. 유대는 먼지가 많고 더운 곳입니다. 거기에 사람들은 겉이 트인 샌들을 신고 다녔습니다. 그래서 발은 늘 먼지 범벅에 냄새가 많이 났습니다. 발에 낀 때는 상상을 초월합니다. 세수 대야에 누렇고 검은 때가 가득하게 됩니다. 그런 발을 예수님께서 씻기십니다. 당시 발 닦는 일은 종이나 노예, 그 가운데도 계집종들이 주로 했던 일입니다. 그런 일을 예수님은 가장 낮은 자세로 섬김과 희생의 본을 보이시며 제자들의 발을 씻기셨습니다. 주님의 섬김은 번거로운 희생을 감수하는 것입니다. 체면이나 자신의 입장을 포기한 것입니다. 그리고 말씀하십니다. "내가 너를 씻어 주지 아니하면 네가 나와 상관이 없느니라." 주님의 섬김과 희생을 인정하고 받아들일 줄 알아야 주님의 제자라고 말씀하십니다.

섬김의 본이 되신 예수님을 따라 나는 누구를 섬겨야 할까요?

예수님은 제자들에게 "내가 본을 보인 것처럼 서로 섬기라."라고 하셨습니다. 예수님은 제자들과 동등한 위치가 아닙니다. 주와 선생이 되셨던 분입니다. 더 나아가서 온 우주만물의 왕입니다. 그런 주님이 모든 것을 내려놓고 제자들보다 낮아진 마음과 자세로 그 더럽고 추한 발을 씻기시며, 악한 죄인들의 형틀인 십자가에서 죽으셨습니다. 그렇게 섬김의 본을 보이신 주님께서 우리도 우리 곁에 있는 사람들을 섬기라고 하십니다. 한 가지 기억할 것은 예수님께서 발을 씻기실 때에 당신을 배신할 가룟 유다도 빼놓지 않으셨다는 것입니다.

예수님처럼 섬기기 위해서 오늘 내가 무엇을 할 수 있나요? 우리 곁에 우리가 섬기기 힘들다고 생각하는 사람이 누가 있는지 생각해 보세요.

삶으로의 초대

예수님의 섬김 비결은 나보다 다른 사람들을 먼저 생각하고 사랑하는 마음입니다. 주님이시고 선생님이 되시는 예수님께서 하신 것처럼 먼저 자신의 입장과 이익을 포기하고 내려놓을 때 섬길 수 있습니다. 주변에 내가 섬길 수 있는 것에는 무엇이 있는지 써 보고 실천해 봅시다.

가정에서 : 1)________________ 2)________________

교회에서 : 1)________________ 2)________________

모임(구역, 경로대학 등)에서 : 1)________________

2)________________

내가 평소에 섬기기 힘들다고 생각했던 사람의 애칭(나만 아는 예쁜 별명을 생각해 보세요)과 그 이유를 생각해서 적어 보고, 그 사람을 섬기기 위해서 내가 말없이 할 수 있는 일이 무엇인지 실천해 봅시다.

섬길 사람의 애칭 : ______________(이름은 쓰지 말고 애칭을 쓰세요.)

섬기기 어려웠던 이유 : ____

섬기기 위해서 내가 할 일 : _____________________________________

기도로 아뢰기와 주기도

사랑의 하나님, 예수님께서 우리에게 베푸신 사랑과 섬김을 깨달아 주의 말씀에 순종하여 우리도 사랑하고 섬기며 살겠습니다. 예수 그리스도의 이름으로 기도합니다. 아멘.

제6과 아버지의 원대로 하옵소서!

주안점 / 하나님의 뜻에 순종하는 거룩한 도구가 됩시다.

오늘의 믿음구호 외치기 _ "내 생각을 내려놓고 하나님 뜻에 순종하자."

★ 본문말씀 _ 마태복음 26 : 36~46 / 마가복음 14 : 32~42

"조금 나아가사 얼굴을 땅에 대시고 엎드려 기도하여 이르시되 내 아버지여 만일 할 만하시거든 이 잔을 내게서 지나가게 하옵소서 그러나 나의 원대로 마시옵고 아버지의 원대로 하옵소서 하시고"(26 : 39)

★ 함께 부르는 찬송 _ 찬송가 154장 1절

1. 생명의 주여 면류관 받으시옵소서 날 위해 쓰신 가시관 나 기억합니다
저 겟세마네 기도를 늘 기억하게 하시고 그 십자가의 은혜로 날 인도하소서

생각으로의 초대

"고양이 목에 방울 달기"라는 우화가 있습니다. 천적인 고양이 때문에 쥐들이 많이 희생되자 쥐들이 모여서 대책을 논의했습니다. 많은 시간 토론을 거듭하여 최고의 대책으로 뽑힌 것이 고양이 목에 방울을 다는 것이었습니다. 고양이 목에 방울을 달아놓으면 고양이가 움직일 때마다 방울소리가 울릴 것이고, 그러면 쥐들이 고양이가 덮치기 전에 피할 수 있다는 것이었습니다. 모두들 참 좋은 묘안이라고 박수를 쳤습니다. 그런데 '누가 어떻게 고양이 목에 방울을 다느냐'는 것이 문제였습니다. 그 어떤 쥐도 목숨을 잃을까 봐 이 일에 나서지 않았습니다. 결국 쥐들의 회의는 아무런 결과도 없이 끝나고 말았습니다. 이 우화는 공동체를 위해서 선한 일을 해야 함에도 자신의 희생을 외면하는 우리들의 모습을 꼬집는 이야기입니다. 그렇게 하지 못하는 이유는 이것이 자신의 목숨과 관련된 일이기 때문입니다.

과연 자신의 목숨까지 희생하면서 공동체를 위해 헌신할 수 있는 사람이 몇이나 있을까요?

말씀으로의 초대

예수님은 기도로 자신의 닥친 상황을 이겨 내십니다.

예수님은 고통과 모욕, 죽음의 그림자가 자신을 덮치자 근심이 되셨습니다. 예수님은 제자들에게 "내 마음이 매우 고민하여 죽게 되었으니 너희는 여기 머물러 나와 함께 깨어 있으라."라고 말씀하셨습니다. 예수님의 마음상태는 '매우 고민하여 죽게 될 지경'이었습니다. 얼마나 힘들고 괴로웠겠습니까?

하지만 예수님은 고통이나 죽음의 공포 때문에 도망가지 않으셨습니다. 제자들과 함께 겟세마네동산으로 가셨습니다. 예수님은 먼저 하나님께 "내 아버지여 만일 할 만하시거든 이 잔을 내게서 지나가게 하옵소서"라고 기도했습니다. 하지만 하나님의 구원계획을 이시는 예수님은 하나님의 계획에 자신의 목숨을 바치기로 했습니다. 이제 예수님의 기도는 내용이 바뀌었습니다. 자신의 소원을 아뢰는 기도가 아니라 하나님의 뜻을 이루기 위한 기도가 되었습니다. 예수님은 "그러나 나의 원대로 마시옵고 아버지의 원대로 하옵소서"라고 기도했습니다. 이 기도가 무엇을 뜻합니까? 예수님께서 자신을 희생 제물로 바치겠다는 뜻입니다. 인류를 구원하고자 예수님을 희생 제물로 사용하시려는 하나님 아버지의 계획을 따라 자신의 목숨을 바치겠다는 뜻입니다. 예수님은 자신의 기도대로 아버지께서 주신 잔을 마다하지 않으셨습니다. 예수님은 자신에게 주어진 사명을 완수하기 위해서 고통 가운데서도 십자가의 길을 걸어가셨습니다.

우리 삶에 마주하는 '잔'을 기도로 감당합시다.

우리의 삶에도 거부할 수 없는 '하나님께서 주신 잔'이 있습니다. 각자에게 하나님이 주신 잔은 무엇입니까? 사업의 어려움일 수도 있을 것이고, 자녀의 문제일 수도 있을 것입니다. 그리고 몸져 누워 있는 가족일 수도 있을 것이고, 개인적인 여러 가지 아픔일 수 있습니다. 그러나 내가 포기하지 않고 끝까지 돌봐야 하고 끝까지 책임져야 할 그 귀한 일들, 그것이 하나님께서 우리에게 주신 잔입니다. 그 잔을 우리는 어떤 자세로 감당하고 있습니까?

삶으로의 초대

1. 지금 하는 일들 중에 나의 생각과 하나님의 뜻이 다른 것들이 있다면, 그것들이 무엇인지 깊이 생각해 보고 간단히 적어 봅시다.

2. 하나님과 교회를 위해 자신의 이익을 포기했던 적이 있다면, 그것이 무엇인지 다시 생각해 봅시다.

3. 내가 큰 손해를 감수하면서도 예수님처럼 반드시 해야 할 일이 있다면, 그것이 무엇인지 함께 나누어 봅시다.

기도로 아뢰기와 주기도

사랑의 하나님, 예수님처럼 하나님의 뜻에 따라 순종하며 살아가는 삶을 살기 원합니다. 예수 그리스도의 이름으로 기도합니다. 아멘.

제7과 길이 활짝 열렸습니다!

주안점 / 예수님의 은혜로 열린 구원의 길, 응답의 길, 하늘의 길을 향해 열심히 믿음생활합시다.

오늘의 믿음구호 외치기 _ "예수님을 믿고 예수님을 따라 영생의 길을 갑시다!"

★ 본문말씀 _ 마가복음 15 : 33~41

"이에 성소 휘장이 위로부터 아래까지 찢어져 둘이 되니라 예수를 향하여 섰던 백부장이 그렇게 숨지심을 보고 이르되 이 사람은 진실로 하나님의 아들이었도다 하더라"(38 – 39절)

★ 함께 부르는 찬송 _ 찬송 521장 1절

1. 구원으로 인도하는 그 문은 참 좁으며 생명으로 인도하는 그 길은 참 험하니
우리 몸에 지워 있는 그 더러운 죄짐을 하나 없이 벗어놓고 힘써서 들어갑시다
구원으로 인도하는 그 좁은 문 들어가 영생으로 인도하는 그 생명 길 갑시다

생각으로의 초대

어릴 때 아버지와 개울을 건너게 되었습니다. 개울에는 돌다리가 놓여 있었는데, 비가 온 뒤라 물이 불어 가운데 돌다리 두 개가 물에 잠겨서 제 힘으로는 개울을 건너갈 수가 없었습니다. 그러자 아버지는 신을 벗고 바지를 무릎까지 걷어 올리고 저를 등에 업고는 개울을 건너 가셨습니다. 저는 아버지의 등에 업혀 안전하게 개울을 건널 수 있었습니다. 하나님께 나아가는 것 역시 혼자 힘으로는 할 수 없습니다. 영원한 하나님 나라로 들어가기 위해 어떻게 해야 할까요?

말씀으로의 초대

죄로 인해 하나님과 막힌 담을 예수님을 통해 열어 주셨습니다.

원래 사람과 하나님 사이에는 막힌 것이 없었습니다. 에덴동산에서 아담과 하와는 하나님과 아주 가까운 사이였습니다. 하나님이 아담과 하와를 찾아오시고, 아담과 하와가 하나님과 격이 없이 만났습니다. 그런데 아담과 하와가 사탄의 유혹에 넘어가면서, 하나님과 우리 사이를 가로막는 큰 장벽이 생기게 됩니다. 그러나 예수님께서 십자가에 달려 죽으실 때 놀라운 일이 일어났습니다. 성소에 쳐져 있던 휘장이 위로부터 아래로 찢어진 것입니다. 이것은 하나님과 우리 사이에 막혀 있던 장벽이 허물어지는 것이요, 하나님과 우리 사이에 끊어졌던 관계가 회복되는 것입니다. 이제 우리 앞에 하나님께로 가는 길이 활짝 열렸습니다.

길이요 진리 되신 예수님을 따라 살아가는 인생이 됩시다.

누구나 예수님을 믿으면 구원받고 하나님께 나아갈 수 있습니다. 하나님과 친한 사이가 될 수 있고, 하나님께 기도할 수 있으며, 하나님이 예비해 두신 하나님 나라에도 갈 수 있습니다. 바로 예수님이 우리를 위하여 길을 열어 주시고, 길이 되어 주시기 때문입니다. 예수님은 내가 곧 길이요 진리요 생명이라고 하셨습니다. 우리가 구원받아서 하나님께 나아가는 길은 예수님밖에 없습니다. 예수님을 따라 예수님과 함께 가면 구원도 얻고 보호도 받으며 영원한 생명으로 하나님 나라에도 갈 수 있습니다. 우리 모두 예수님을 믿고 예수님을 따라갑시다.

자기 이름을 넣어 큰 소리로 함께 읽어 봅시다.
"나, OOO(은)는 예수님을 믿고 예수님을 따라 믿음으로 살겠습니다!"

삶으로의 초대

다 함께 동심으로 돌아가서 "구원열차" 노래에 율동을 붙여서 즐겁게 불러 봅시다!

"나는 구원열차 올라타고서 하늘나라 가지요 (빵!빵!)
죄악 역 벗어나 달려가다가 다시 내리지 않죠
차표 필요 없어요 주님 차장 되시니 나는 염려 없어요 (빵!빵!)
나는 구원열차 올라타고서 하늘나라 가지요"

기도로 아뢰기와 주기도

하나님, 예수님을 믿고 예수님을 따라서 예수님이 열어 놓으신 구원의 길, 영생의 길을 믿음으로 따라가며 살아가게 하여 주소서. 예수 그리스도의 이름으로 기도합니다. 아멘.

제8과 영원한 생명의 소망이신 예수님

주안점 / 영원한 생명의 소망이신 예수님을 생각하며 부활소망을 가지고 살아갑시다.

오늘의 믿음구호 외치기 _ "예수님이 다시 사셨습니다. 그리고 우리와 함께 하십니다."

본문말씀 _ 마가복음 16 : 1~8

"청년이 이르되 놀라지 말라 너희가 십자가에 못 박히신 나사렛 예수를 찾는구나 그가 살아나셨고 여기 계시지 아니하니라 보라 그를 두었던 곳이니라 가서 그의 제자들과 베드로에게 이르기를 예수께서 너희보다 먼저 갈릴리로 가시나니 전에 너희에게 말씀하신 대로 너희가 거기서 뵈오리라 하라 하는지라"(6－7절)

함께 부르는 찬송 _ 찬송가 165장 1절

1. 주님께 영광 다시 사신 주 사망권세 모두 이기시었네 흰옷 입은 천사 돌을 옮겼고 누우셨던 곳은 비어 있었네 주님께 영광 다시 사신 주 사망권세 모두 이기시었네

생각으로의 초대

미국 프로농구에서 뛰고 있는 제레미 린이라는 선수가 있습니다. 미국 선수들에 비해 191cm라는 작은 키에 동양인이라는 한계가 있음에도 대단한 활약을 했습니다. 그는 하버드대 출신의 대만계 선수로 신인 시절에는 아시아계라는 편견 탓에 무명의 별 볼 일 없는 선수였지만, 소속 구단이던 뉴욕 닉스 선수들이 잇따라 부상을 당하면서 어렵게 주어진 기회를 놓치지 않고 맹활약하면서 프로농구 최고 스타가 되었습니다. 그의 뛰어난 실력 못지않게 신실한 믿음도 유명해서 많은 크리스천들의 관심을 끌고 있습니다. 경기 뒤 인터뷰마다 항상 "하나님께 감사한다. 하나님은 위대하다." 라는 말을 붙이는 제레미는 '난 예수님의 이름으로 뛴다'(In Jesus Name I play)라는 팔찌를 항상 차고 경기에 임합니다. 그는 자신의 삶을 '하나님의 지문'이라고 고백하며 많은 크리스천들에게 감동을 주고 있습니다. 그리스도인들이 살 수 있는 최고의 삶은 하나님의 사랑과 예수님의 부활을 세상에 나타내는 것입니다.

오늘 나는 하나님의 지문이 되어 부활하신 주님을 증거하기 위해 어떤 일을 할 수 있을까요?

말씀으로의 초대

예수님의 부활 소식은 세 여인들의 슬픔을 소망으로 바꾸어 주었습니다.

예수님이 십자가에서 숨을 거두신 후 사흘째 새벽에 막달라 마리아와 야고보의 어머니 마리아와 살로메가 예수님의 무덤을 찾았습니다. 그들은 주님의 몸에 향품을 바르기 위해 무덤으로 가면서 누가 자신들을 위하여 무덤 문에서 돌을 굴려 줄까를 걱정했습니다. 그러나 그들이 무덤 앞에 다다랐을 때 놀라운 사실을 목격하게 되었습니다. 무덤을 굳게 막고 있던 큰 돌이 벌써 굴려져 예수님이 계신 무덤의 문이 활짝 열려 있었습니다. 놀라운 일은 그것으로 끝이 아니었습니다. 무덤 안에 들어가 보니 예수님의 시체는 없고 흰옷을 입은 한 청년이 앉아 있는 것이었습니다. 그 청년은 그들에게 놀라지 말라고 하면서 "그가 살아나셨고 여기 계시지 아니하니라"라고 말했습니다. 그리고 그분이 먼저 갈릴리로 가셔서 제자들을 만나실 것이라고 전해 주었습니다. 세 여인은 예수님의 빈 무덤을 목격하고 주님의 부활을 알았고, 천사의 소식을 통해 갈릴리로 가면 주님을 만날 수 있다는 소망을 가지게 되었습니다.

우리의 갈릴리에서 부활하신 주님을 만납시다.

우리는 무엇으로 예수님의 부활을 알고, 어디에서 부활하신 주님을 만날 수 있을까요? 먼저 우리의 빈 무덤을 확인해야 합니다. 무덤은 죽음의 두려움이 있는 곳입니다. 그러나 예수님의 부활로 그분의 무덤이 빈 무덤이 되었다는 것은 죽음의 두려움을 깨뜨리셨다는 것을 의미합니다. 그러므로 예수님을 나의 구주로 믿고 고백하면 우리도 죽음의 두려움을 이기고 부활의 영광 가운데 신령한 몸으로 주님을 만날 소망이 생기게 됩니다. 그리고 부활하신 주님을 만나기 위해서는 우리의 갈릴리로 가야 합니다. 갈릴리는 주님께서 병들고 귀신 들리고 가난한 사람들에게 은혜의 해를 선포하시며 회복시키신 곳입니다. 죽음의 두려움을 이기고 부활하신 주님과 동행하십시오. 오늘도 부활하신 주님이 우리와 함께하십니다. 우리의 삶을 통해 부활을 증거합시다.

함께 외쳐 봅시다. "예수님이 다시 사셨습니다. 그리고 우리와 함께하십니다."

삶으로의 초대

내가 두려워하고 불안을 느끼는 것을 종이에 적어 봅시다. 그리고 모든 두려움과 죽음을 이기고 부활하신 예수님께 나의 두려움과 불안을 아뢰며 기도합시다.

기도로 아뢰기와 주기도

하나님, 죽음을 이기시고 다시 살아나신 예수님을 바라보며, 부활소망을 가지고 살아가게 하소서. 예수 그리스도의 이름으로 기도합니다. 아멘.

제9과 가서 제자 삼으라

주안점 / 부활하신 예수님의 말씀을 따라 가서 모든 민족을 제자로 삼는 힘 있는 노년으로 살아갑시다.

오늘의 믿음구호 외치기 _ "주님 명령 따라 복음을 전합시다!"

★ 본문말씀 _ 마태복음 28 : 16~20

"그러므로 너희는 가서 모든 민족을 제자로 삼아 아버지와 아들과 성령의 이름으로 세례를 베풀고 내가 너희에게 분부한 모든 것을 가르쳐 지키게 하라 볼지어다 내가 세상 끝날까지 너희와 항상 함께 있으리라 하시니라"(19－20절)

★ 함께 부르는 찬송 _ 찬송가 505장 1절

1. 온 세상 위하여 나 복음 전하리 만백성 모두 나와서 주 말씀 들으라
죄 중에 빠져서 헤매는 자들아 주님의 음성 듣고서 너 구원받으라
전하고 기도해 매일 증인 되리라 세상 모든 사람 다 듣고 그 사랑 알도록

생각으로의 초대

어느 날 밤, 찬양을 부르며 길을 걷던 전도자 존 웨슬리에게 한 강도가 나타나 "그 자리에 서! 가진 것을 내놓든지 목숨을 내놓든지 둘 중 하나를 택해!"라며 겁박했습니다. 웨슬리는 몇 푼 안 되는 동전이 든 주머니를 털어서 그 강도에게 주었습니다. 강도는 이것뿐이냐는 듯 다른 주머니를 뒤졌지만, 그에게서 나오는 것은 아무것도 없었습니다. 실망한 강도는 동전을 집어던지며 욕을 퍼부었습니다. 웨슬리는 화를 내며 숲으로 사라지는 강도를 불러 이렇게 말했습니다. "잠깐 당신에게 줄 것이 더 있소! 그것은 바로 십자가의 복음이요. 당신이 결심만 한다면 지금의 삶에서 돌이켜 살 수가 있소. 이 말을 기억하시오. 예수 그리스도의 보혈은 모든 죄로부터 우리를 깨끗게 한다오." 그러나 이 소리를 들은 강도는 대꾸도 없이 그 자리에서 사라졌습니다. 그로부터 3년 후 웨슬리가 순회 설교를 마친 후에 사람들과 악수를 하는데 인자하게 생긴 사람이 그에게 다가왔습니다. 그 사람은 바로 3년 전 산속에서 만났던 강도였습니다. 무심코 들은 그 한마디가 그의 마음을 감동시켰고, 결국은 그가 변하여 하나님의 자녀가 되었던 것입니다.

무심코 전한 복음이 강도를 하나님의 자녀로 바꾸었습니다. 오늘 내가 복음을 전할 사람은 누구일까요?

말씀으로의 초대

예수님이 승천하시기 전, 마지막 명령을 받은 제자들은 담대하게 주님을 전하는 증인이 되었습니다.

가룟 유다를 제외한 열한 제자는 부활하신 예수님이 명하신 대로 갈릴리로 갔습니다. 갈릴리는 주님이 제자들을 처음 제자로 부르신 장소였습니다. 부활하신 예수님은 약속대로 그곳에서 제자들을 만나 주셨고, 그들에게 이 땅에서 마지막 명령을 내리셨습니다. 그것은 "가서 모든 민족을 제자로 삼고 아버지와 아들과 성령의 이름으로 세례를 베풀고 분부한 모든 것을 가르쳐 지키게 하라."라는 것이었습니다. 또한 주님은 세상 끝 날까지 제자들과 함께 하시겠다고 약속해 주셨습니다. 제자들은 주님의 약속을 믿고 담대하게 부활하신 주님을 전하는 증인이 되었습니다.

오늘 우리는 예수님의 마지막 명령을 어떻게 지켜 나갈 수 있을까요?

주님의 명령을 따라 하나님 나라를 전하기 위해 먼저 하나님께 하늘과 땅의 모든 권세를 부여받았음을 확신해야 합니다. 주님은 제자들에게 "영접하는 자 곧 그 이름을 믿는 자들에게는 하나님의 자녀가 되는 권세를 주셨다."(요 1 : 12)라고 말씀하셨습니다. 따라서 우리의 힘이나 능력을 의지하지 말고 권세를 주신 하나님을 의지하고 나갈 때 예수님의 명령을 지킬 수 있습니다. 둘째, 주께서 세상 끝 날까지 우리와 항상 함께 하신다는 약속을 확신해야 합니다. 제자들은 예수님이 약속하신 성령님이 오신 후에 죽음을 두려워하지 않는 주님의 증인이 되었습니다. 성령님은 오늘 우리와도 함께 하셔서 우리의 연약함을 극복하게 하십니다. 세상이 험악하고 온갖 재난과 죽음의 위험이 있어도 주님의 명령을 지키는 사람들에게는 물도 삼키지 못하고 불꽃도 사르지 못하는 보호하심이 있습니다. 함께 하시는 성령님을 의지하고 모든 민족을 제자로 삼으라는 주님의 말씀을 지키는 예수님의 제자가 됩시다.

기도로 아뢰기와 주기도

하나님, 주님의 명령을 따라 용기 있게 복음을 전하며 부활의 증인으로 사는 그리스도인이 되게 해 주세요. 예수 그리스도의 이름으로 기도합니다. 아멘.

삶으로의 초대

주변에 예수님을 알지 못하는 사람이 있는지 살펴봅시다. 있다면 그들에게 어떻게 복음을 전하고 예수님의 제자로 삼을 수 있을지 나누어 봅시다.

1. 전도대상자의 목록을 만들어 봅시다.
2. 그들을 위해 기도합시다.
3. 전도하기 위해 약속을 잡고 만납시다.
4. 복음을 제시하는 데 필요한 성경말씀을 암송합시다.
5. 복음을 전하고 주님에게로 인도합시다.

제10과 이렇게 기도하라

주안점 / 주기도문을 매일 암송하고 묵상하면서 기도의 능력으로 살아갑시다.

오늘의 믿음구호 외치기 _ "매일 주기도문을 암송하며 묵상하자."

★ 본문말씀 _ 마태복음 6 : 5~13

"그러므로 너희는 이렇게 기도하라 하늘에 계신 우리 아버지여 이름이 거룩히 여김을 받으시오며 나라가 임하시오며 뜻이 하늘에서 이루어진 것같이 땅에서도 이루어지이다 오늘 우리에게 일용할 양식을 주시옵고 우리가 우리에게 죄 지은 자를 사하여 준 것같이 우리 죄를 사하여 주시옵고 우리를 시험에 들게 하지 마시옵고 다만 악에서 구하시옵소서 (나라와 권세와 영광이 아버지께 영원히 있사옵나이다 아멘)"(9–13절)

★ 함께 부르는 찬송 _ 찬송가 364장 1절

1. 내 기도하는 그 시간 그때가 가장 즐겁다 이 세상 근심 걱정에 얽매인 나를 부르사 내 진정 소원 주 앞에 낱낱이 바로 아뢰어 큰 불행 당해 슬플 때 나 위로받게 하시네

생각으로의 초대

이스라엘 성지순례를 가게 되면 꼭 들르는 곳 중에 하나가 주기도문교회입니다. 예수님이 감람산에서 성전을 마주 보고 앉으셨을 때에 제자들이 기도를 가르쳐 달라고 하자, "너희는 기도할 때 이렇게 하라"라고 하시며 기도를 가르쳐 주신 곳입니다. 주기도문이 아람어로 교회 지하 동굴 석판에 새겨진 후(1102년) 현재까지 한글을 포함하여 80여 개 언어로 쓰인 주기도문이 교회 벽면에 부착되어 있습니다.

주기도문이 중요한 이유가 무엇일까요?

말씀으로의 초대

예수님이 가르쳐 주신 주기도는 기도의 목적과 방향을 알려 줍니다.

예수님은 제자들에게 기도의 세 가지 자세(외식하지 말 것, 은밀한 중에 기도할 것, 이방인과 같이 중언부언하지 말 것)를 말씀하신 후, 무엇을 기도해야 하는지를 교훈하셨습니다. 요약하면, 먼저 기도의 대상은 '하늘에 계신 우리 아버지'이십니다. 그리고 기도의 내용 첫 번째는, '하나님의 나라와 그분의 뜻을 위한 간구'입니다. 1) 아버지의 이름을 거룩하게 하시며 2) 아버지의 나라가 오게 하시며 3) 아버지의 뜻이 하늘에서와 같이 땅에서도 이루어지이게 하소서. 두 번째로 '사람(우리)을 위한 간구'입니다. 1) 오늘 우리에게 일용할 양식을 주시고 2) 우리가 우리에게 잘못한 사람을 용서하여 준 것같이 우리 죄를 용서하여 주시고 3) 우리를 시험에 빠지지 않게 하시고, 악에서 구하소서. 마지막으로 '나라와 권능과 영광이 영원히 아버지의 것'이라는 것은 기도의 목적이 무엇인지를 분명하게 알려 주고 있습니다. 이와 같이 주님이 가르치신 기도는 우리를 헛된 기도로부터 벗어나 하나님께서 기뻐하시는 기도로 인도할 것입니다.

주기도문은 성경에서 두 번 나옵니다. 누가복음 11장에는 예수께서 주기도문을 가르치신 후, 기도의 필요성을 말씀하신 내용이 기록되어 있습니다. 예수님은 밤중에 손님을 맞은 한 벗이 대접할 것이 없어서 그의 동료를 찾아가서 떡 세 덩이를 꾸어 달라고 하면, 벗 됨을 인하여서는 주지 아니할지라도 그 간청함을 인하여 일어나 그 요구대로 주지 않겠느냐면서, 구하면 얻을 것이며 찾으면 찾아낼 것이요 문을 두드리면 열릴 것을 약속하셨습니다. 날마다 주님이 가르쳐 주신 대로 하나님의 나라와 그의 뜻을 구하며 우리의 필요를 아뢸 때 주님의 약속은 우리의 삶에 이루어질 것입니다.

삶으로의 초대

주기도문 전후로 신체운동도 병행하시면 영육 간에 건강한 생활을 유지하실 수 있습니다. 오늘은 귀운동을 함께 해 봅시다. 한의학에서는 귀를 겉으로 드러난 신장이라고 합니다. 한의학에서 말하는 신장은 양의학에서 말하는 신장과 의미가 조금 다릅니다. 한의학에서 신장은 인체의 호르몬 대사를 조절하여 어린이의 성장을 조절하고 2차 성징이 나타나게 합니다. 예로부터 어른들이 어린아이의 귀를 만지면서 귀엽다고 한 것에는 다 뜻이 있습니다. 즉, 귀를 지압함으로써 신장을 자극하여 튼튼하고 건강하게 자라기를 바랐던 것입니다. 실제로 《동의보감》에서는 "손으로 귀를 많이 문지르면 수명을 연장하고 양기(陽氣)를 도우며 귀먹는 것을 예방한다."고 기록되어 있습니다.

1. 귓불 늘이기

귓불 부위에는 눈, 목, 입에 해당하는 반사구가 있는데, 정신이 산만할 때 양손으로 귓불을 잡고 약 20회 가량 늘려 주면 집중력 향상에 도움이 됩니다.

2. 귀 잡아당기기

귀의 가장자리를 잡고 바깥으로 가볍게 잡아당기면 알레르기나 편도선 질환을 앓을 때 효과적입니다.

3. 귀 포개기

옆에서 보는 귀의 모양이 세모꼴이 되도록 귀의 위아래를 손으로 잡고 30회 정도 포개 주면 척추와 어깨에 해당하는 반사구가 자극을 받아 혈액순환이 좋아집니다.

4. 귀 꼭꼭 누르기

식사 후 속이 더부룩한 기분이 들 때나 신체 어느 부위에 통증이 있을 때 손끝이나 기구로 귀를 꼭꼭 눌러 주면 통증이 일시적으로 가십니다.

5. 귀 마찰하기

엄지와 검지 사이에 귀를 두고 귀가 뜨거워지도록 30회 정도 마찰하면 몸에 열이 나며 혈액의 흐름을 좋게 하여 몸에 활력을 불어넣어 줍니다.

6. 귀 걸어 당기기

손가락을 귀에 걸어 10회 이상 잡아당겨 주면 자궁, 생식기와 관련된 반사구가 자극받아 체내 대사활동이 원활해집니다.

기도로 아뢰기와 주기도

하나님, 날마다 주님이 가르쳐 주신 대로 하나님의 나라와 그의 뜻을 구하는 그리스도인이 되게 해 주세요. 예수 그리스도의 이름으로 기도합니다. 아멘.

제11과 보화를 하늘에 쌓기

주안점 / 지혜로운 사람은 보화를 하늘(하나님)에 쌓아둡니다.

오늘의 믿음구호 외치기 _ "항상 거룩한 삶을 사는 노년이 됩시다!"

★ 본문말씀 _ 마태복음 6 : 20

"오직 너희를 위하여 보물을 하늘에 쌓아 두라 거기는 좀이나 동록이 해하지 못하며 도둑이 구멍을 뚫지도 못하고 도둑질도 못하느니라"(20절)

★ 함께 부르는 찬송 _ 찬송가 94장 1절

1. 주 예수보다 더 귀한 것은 없네 이 세상 부귀와 바꿀 수 없네
영 죽을 내 대신 돌아가신 그 놀라운 사랑 잊지 못해 세상 즐거움 다 버리고 세상 자랑 다 버렸네
주 예수보다 더 귀한 것은 없네 예수밖에는 없네

생각으로의 초대

바닷가에 사는 갈매기 한 마리가 어느 날 부둣가에 버려진 '썩은 물고기' 한 마리를 낚아채 입에 물고 하늘로 날아올랐습니다. 그런데 이것을 보고 수많은 갈매기들이 달려들었고, 이 갈매기는 썩은 물고기를 빼앗기지 않으려고 몸부림을 쳤습니다. 그러나 갈매기들은 집요하게 쫓아왔습니다. 이 갈매기는 하늘 높이 날아올랐다가 입에 물고 있던 썩은 물고기를 바다로 떨어뜨렸습니다. 그러자 수백 마리의 갈매기들이 그것을 쫓아 바다 쪽으로 일제히 날아갔습니다. 그때 갈매기는 푸른 하늘이 자신의 몫이라는 것을 깨달았습니다. 썩은 물고기를 포기하는 순간 넓은 하늘이 한눈에 들어온 것입니다. 우리가 이 세상의 하찮은 것들과 썩은 것들을 포기한 순간 푸르고 넓은 하늘이 보이고 하나님이 약속하신 하늘나라가 보이게 됩니다.

말씀으로의 초대

사람의 마음과 생각은 물질과 분리되지 않습니다.

예수님은 "네 재물이 있는 곳에 네 마음도 있다."라고 하셨습니다. 사람의 마음과 생각이 재물을 따라간다는 것입니다. 그러면서 재물을 땅에 쌓아 두지 말고 하늘에 쌓아 두라고 하셨습니다. 땅에 쌓아 둔 재물은 쉽게 썩고 잃어버리지만 하늘에 쌓은 재물은 썩지도, 잃어버리지도 않는다고 하셨습니다. 우리가 물질을 사용할 때 자신을 위해 사용하거나 이 땅의 일을 위해서만 사용하면 다 없어지고 남는 것이 없게 됩니다. 그러나 재물을 하나님을 위해, 하나님께서 기뻐하시는 선한 일에 사용하면 없어지지 않고 하늘에서 상급으로 다시 받게 된다는 것입니다. 이것이 왜 중요할까요? 사람은 하나님과 재물을 동시에 섬길 수 없기 때문입니다(24절). 즉, 물질에 대한 욕심이 생기면 하나님을 멀리하게 되고, 재물을 따라가다 보면 그 재물이 하나님의 자리를 대신하기 때문입니다. 그러므로 재물에만 관심을 기울이면 하나님을 제대로 섬길 수 없게 됩니다.

하나님께서 맡기신 물질을 하나님의 뜻을 위해 사용해야 합니다.

우리의 보물을 하늘에 쌓아 두라는 말씀은 무슨 뜻일까요? 물질은 내 것이 아니라 하나님의 것이라는 의미입니다. 물질은 하나님께서 나에게 맡기신 것이고 우리는 하나님의 청지기입니다. 그러므로 물질의 주인이신 하나님의 뜻에 따라 선하게 사용해야 합니다. 그러면 하늘나라에서 하나님께 칭찬을 받고 상급을 받게 될 것입니다. 만약 우리가 하나님께서 주신 물질을 마음대로, 이 땅의 헛된 것들을 위해 사용하면 하늘에서 받을 상급이 없을 뿐만 아니라 하나님께 책망을 받을 것입니다. 그러므로 물질이 많든 적든 우리의 주인이신 하나님의 뜻에 따라 하나님을 섬기고 이웃을 섬기는 일에 사용해야 합니다.

삶으로의 초대

우리가 가진 모든 것은 하나님의 것이고 하나님께서는 우리의 주인이십니다. 하나님께서 나에게 맡겨 주신 것에는 무엇이 있는지 생각해 보고 그것들을 잘 감당할 수 있도록 하나님께 기도해 봅시다.

기도로 아뢰기와 주기도

하나님, 맡겨 주신 것들을 감사히 여기고 하나님의 뜻에 합당하게 사용할 수 있는 지혜를 주세요. 예수 그리스도의 이름으로 기도합니다. 아멘.

제12과 하나님께 맡기는 믿음생활

주안점 / 하나님의 은혜를 믿고 하나님의 의를 구하며 현재를 충실하게 살아갑시다.

오늘의 믿음구호 외치기 _ "모든 염려는 하나님께 맡기고 믿음으로 살아가자."

★ 본문말씀 _ 마태복음 6 : 34

"그러므로 내일 일을 위하여 염려하지 말라 내일 일은 내일이 염려할 것이요 한 날의 괴로움은 그 날로 족하니라"(34절)

★ 함께 부르는 찬송 _ 찬송가 382장 1절

1. 너 근심 걱정 말아라 주 너를 지키리 주 날개 밑에 거하라 주 너를 지키리
주 너를 지키리 아무 때나 어디서나 주 너를 지키리 늘 지켜 주시리

생각으로의 초대

에픽테토스는 노예로 태어나 온갖 고난을 겪었지만 이후에 위대한 철학자가 되었습니다. 그는 '나에게 달린 것'과 '나에게 달려 있지 않은 것'을 구분하는 지혜가 중요하다고 말합니다. 나에게 달려 있지 않은 것은 국적, 부모, 외모, 평판, 재산과 같은 것입니다. 사람들은 이런 것들에 골몰하느라 진정 나에게 달려 있는 것에 마음을 쏟을 기회를 잃어버리고 맙니다. 나에게 달려 있는 것들이란 지혜, 신념, 우정, 용기, 희망처럼 아무도 방해할 수 없는 내면의 가치들입니다. 외적인 것들에 대한 체면과 걱정으로 인해 하나님 안에서의 평강과 믿음을 놓쳐 버리고 있지는 않습니까?

요즘 당신의 마음을 붙잡고 있는 걱정과 염려는 무엇입니까?

말씀으로의 초대

모든 염려를 내려놓고 하나님만 의지하며 살아가야 합니다.

예수님은 말씀을 듣기 위해 찾아온 사람들의 눈빛을 바라보셨습니다. 그 안에는 온갖 걱정과 염려들이 가득하였습니다. 그 마음을 보시며 예수님은 "목숨을 위하여 무엇을 먹을까 무엇을 마실까 몸을 위하여 무엇을 입을까 염려하지 말라"고 말씀하셨습니다. 그리고 하늘을 나는 새를 가리키시면서 "새들이 심지도 않고 거두지도 않고 창고에 모아 두지 않아도 하나님께서 먹이시고 기르신다"고 말씀하십니다. 또한 들판에 핀 백합화를 생각해 보라고 하시며 "한낱 들풀도 하나님께서 아름답게 입히신다"고 말씀하십니다. 하나님의 인도하심과 은혜를 믿고 마음을 상하게 하는 모든 걱정과 염려를 내려놓으며 살아가라고 하십니다. 인간의 생사와 모든 삶의 과정이 하나님의 섭리 아래 있으니 하나님께 모든 것을 맡기고 살아가라고 당부하십니다.

하나님의 나라와 하나님의 의를 따르며 오늘을 충실하게 살아갑니다.

예수님은 다시 한 번 강조하시며, 믿음이 적어서 온갖 세상일을 염려하는 사람들에게 '믿음'을 가지라고 말씀하십니다. 이방인들은 하나님을 알지 못하기 때문에 세상의 가치를 좇느라 걱정하고 불안에 떨지만, 하나님의 은혜와 섭리를 믿는 하나님의 자녀들은 그분의 인도하심과 은혜를 믿으라고 하십니다. 미래에 대한 걱정, 의식주에 대한 불안과 염려를 모두 하나님께 맡기고 하나님의 의와 하나님의 뜻을 따르며 충실하게 살아가라고 당부하십니다. 그렇게 살아가면 모든 것을 더하시는 하나님을 만나게 될 것이라고 말씀해 주십니다.

자신의 이름을 넣어 큰 소리로 읽어 봅시다.
"○○○아! 모든 염려를 하나님께 맡기고 믿음으로 평안하게 살아가자!"

삶으로의 초대

마음의 걱정과 염려, 그리고 불안을 떠올려 봅시다. 그 걱정의 목록들과 함께 그것들을 하나님께 맡기는 기도편지를 써 봅시다. 작성한 기도편지는 한 달 후에 다시 확인하고 하나님의 인도하심에 대해 나누도록 합니다.

기도로 아뢰기와 주기도

하나님, 우리 마음을 사로잡고 괴롭히는 염려와 걱정, 그리고 불안을 하나님께 맡겨 드립니다. 하나님께서 돌보아 주심을 믿으며 평안으로 살아가게 해 주시옵소서. 예수 그리스도의의 이름으로 기도합니다. 아멘.

제13과 기도하는 믿음생활

주안점 / 구하고 찾고 두드리는 기도를 실천하는 믿음생활을 해 나갑니다.

오늘의 믿음구호 외치기 _ "하나님께서는 구하는 이에게 주십니다!"

★ 본문말씀 _ 마태복음 7 : 7

"구하라 그리하면 너희에게 주실 것이요 찾으라 그리하면 찾아낼 것이요 문을 두드리라 그리하면 너희에게 열릴 것이니"(7절)

★ 함께 부르는 찬송 _ 찬송가 364장 1절

1. 내 기도하는 그 시간 그때가 가장 즐겁다 이 세상 근심 걱정에 얽매인 나를 부르사
내 진정 소원 주 앞에 낱낱이 바로 아뢰어 큰 불행 당해 슬플 때 나 위로받게 하시네

생각으로의 초대

역사적으로 믿음의 사람들은 기도생활의 중요함을 알고 실천했습니다. 종교개혁자 마르틴 루터는 이런 말을 남겼습니다. "만약 내가 매일 새벽 2시간을 기도로 보내지 않는다면, 그날의 승리는 마귀에게로 돌아갈 것입니다. 나는 할 일이 너무 많기 때문에 기도하지 않을 수 없습니다." 또한, 해밀턴 감독은 꾸준한 기도생활의 중요성에 대해 이렇게 말합니다. "기도를 가장 흥미롭고 필요한 과제로 생각하며 진지하고 꾸준히 하는 사람은 많은 효험을 경험하게 될 것입니다." 기도하는 일을 배우고 실천하는 사람은 천국의 무궁한 보화를 받아 누리게 됩니다. 그리스도인들에게 기도는 하나님의 은혜를 받아 누릴 수 있는 특권이며 통로입니다.

당신은 기도생활을 어떻게 하고 계십니까?

말씀으로의 초대

예수님은 기도할 때 구하고 찾고 두드리라고 가르쳐 주십니다.

'구한다'는 것은 자신의 결핍을 인식하고 하나님께 그것을 채워 주시도록 호소하는 것입니다. 그러므로 구하는 사람은 하나님에 대한 믿음과 겸손이 있는 사람입니다. '찾는다'는 것은 구하는 행동에 노력을 더하는 모습을 말합니다. 진정한 기도란 하나님께 호소하면서 자신이 해야 할 노력을 적극적으로 해 나가는 것입니다. '두드린다'는 것은 구하고 찾는 행동에 더하여 성취되기까지 계속해서 인내하는 모습을 말합니다. 우리는 자신의 부족함을 인정하고 겸손하게 하나님께 나아가 기도해야 합니다. 기도할 때는 믿음으로 구하고, 자신이 할 바를 성실히 노력하며, 이루어질 때까지 인내를 다하는 것이 우리가 따라야 할 기도방법이라고 가르쳐 주십니다.

하나님께서는 기도하는 사람에게 좋은 것을 주시는 분이십니다.

예수님은 기도생활을 독려하시면서 하나님께서 어떤 분이신지를 기억하게 하십니다. 예수님은 "만약 어떤 아들이 아버지에게 떡을 달라고 하는데 돌을 줄 아버지가 어디 있겠으며 생선을 달라고 하는데 뱀을 줄 아버지가 어디 있겠느냐?" 하고 말씀하십니다. 예수님은 청중들에게 이런 예화를 통해 하나님 아버지의 성품을 깊이 떠올리게 하십니다. 불완전한 인간도 부모라면 자녀에게 좋은 것을 주고 싶어 하는데, 사랑의 하나님께서 기도하는 자녀들에게 좋은 것을 주고 싶어 하시지 않겠느냐고 질문을 던지십니다. 기도하지 않는 성도는 자기 아버지의 집에 풍족한 양식을 두고도 엉뚱한 곳에서 굶주리는 아들과 비슷합니다. 기도하는 자에게 좋은 것을 주시고 성령을 주시고자 하시는 하나님의 마음을 기억하며 기도하는 믿음생활을 하시기 바랍니다.

자신의 이름을 넣어 큰 소리로 읽어 봅시다.
"○○○아! 하나님께 구하고, 찾고, 두드리며, 기도하는 믿음생활을 해 나가자!"

삶으로의 초대

기도생활 일정표를 작성해 봅시다. 하루의 일과 중 기도시간을 정하고, 가장 드리고 싶은 기도제목을 써 보십시오.

기도로 아뢰기와 주기도

하나님, 우리에게 기도하는 방법을 가르쳐 주시고 기도생활을 격려해 주셔서 감사드립니다. 구하는 자에게 좋은 것을 주시는 하나님을 의지하며 기도하는 믿음생활을 잘 해 나갈 수 있도록 도와주시옵소서. 예수 그리스도의 이름으로 기도합니다. 아멘.

제14과 아름다운 신앙의 열매

주안점 / 하나님의 말씀을 분별하고 실천하며 아름다운 신앙의 열매를 맺는 그리스도인이 됩시다.

오늘의 믿음구호 외치기 _ "말씀대로 실천하는 믿음! 아름다운 신앙의 열매!"

★ 본문말씀 _ 마태복음 7 : 15~23

"이와같이 좋은 나무마다 아름다운 열매를 맺고 못된 나무가 나쁜 열매를 맺나니"(17절)

★ 함께 부르는 찬송 – 찬송가 546장 1절

1. 주님 약속하신 말씀 위에서 영원토록 주를 찬송하리라 소리 높여 주께 영광 돌리며 약속 믿고 굳게 서리라 굳게 서리 영원하신 말씀 위에 굳게 서리 굳게 서리 그 말씀 위에 굳게 서리라

생각으로의 초대

종교계의 노벨상, 템플턴 상을 수상하였으며 한국사회에 선한 영향력을 끼쳤던 故한경직 목사님이 은퇴 후, 남한산성에 머무르실 때의 일입니다. 교계의 영향력 있는 목사님들이 한경직 목사님께 인사를 드리러 갔습니다. 목사님들이 한경직 목사님께 덕담을 청하자, 골똘히 생각하시던 목사님께서는 "목사님들, 예수 잘 믿으세요."라고 말씀하셨습니다. 한경직 목사님이 목사님들을 당황시키거나 책망하시기 위해 하신 말씀이었을까요? 아닙니다. 목사님들에게 말씀대로 삶을 살아내라는 믿음을 당부하신 것입니다. 우리들은 예수님을 구주로 영접하여 하나님의 자녀가 되는 권세를 얻었습니다. 그러나 우리는 계속해서 구원의 확신뿐 아니라 삶에서 말씀대로 실천하는 믿음으로 아름다운 신앙의 열매 맺어야 할 것입니다.

여러분은 말씀대로 실천하는 삶을 살아가고 계십니까?

말씀으로의 초대

열매를 보면 그 나무를 알 수 있습니다.

마태복음 5~7장은 예수님의 하나님 나라에 대한 선포로, 기독교 신앙생활의 기본 원리들이 잘 나타나 있습니다. 예수님은 거짓 선지자들을 분별하고 삼가 그들을 경계하며 그들로부터 과감히 돌이킬 것을 말씀하셨습니다. 거짓 선지자들이 복수형으로 쓰인 것은 역사상 앞으로 수많은 거짓 선지자들이 등장할 것을 암시하고 있습니다. 선지자는 하나님으로부터 특별한 소명을 받아 하나님의 말씀을 선포하는 자들입니다. 그러나 거짓 선지자는 하나님으로부터 소명을 받지 않았음에도 소명을 받은 것처럼 위장하고 거짓된 내용을 하나님의 지시인 것처럼 전하는 자들입니다. 이 시대에도 그들처럼 잘못되고 왜곡된 가치를 전하는 이들이 수없이 많습니다. 그렇다면 우리가 어떻게 그들을 분별할 수 있을까요? 예수님은 나무 열매 비유를 말씀하시면서 좋은 나무는 아름다운 열매를 맺으며, 못된 나무가 나쁜 열매를 맺기에 열매를 보면 그 나무를 알 수 있다고 말씀하셨습니다. 이와 더불어 예수님은 좋은 나무가 아름다운 열매를 맺지 못할 때에는 심판을 선포하셨습니다.

하나님의 말씀을 통해 열매 맺는 삶을 사십시오.

우리가 거짓을 분별하고, 좋은 나무로 아름다운 열매를 맺기 위해서는 하나님의 말씀 안에 거해야 합니다. 말씀은 우리로 하여금 옳은 것과 그른 것을 분별하게 합니다. 말씀의 규례와 법도를 깨달아 지킬 때 거짓행위들이 사라지고, 오직 그리스도께 붙잡힌 삶을 살아가게 됩니다. 이렇게 내 생각과 뜻이 아니라 하나님의 말씀으로 내 생각과 언어, 인격을 다듬고 말씀을 실천할 때 아름다운 믿음의 열매를 맺는 삶이 되어 갈 것입니다.

삶으로의 초대

말씀은 우리 믿음을 굳건하게 하며, 믿음으로 살아가게 합니다. 한 주간 시간을 정하고 말씀을 묵상해 봅시다. 그리고 말씀을 어떻게 실천할 것인지 방법을 적어 보고, 실천해 봅시다.

〈일주일 말씀 묵상표〉

주일	월	화	수	목	금	토
마태복음 5 : 1~26	마태복음 5 : 27~48	마태복음 6 : 1~18	마태복음 6 : 19~34	마태복음 7 : 1~6	마태복음 7 : 7~12	마태복음 7 : 13~29

* 나의 말씀 실천 방법

예) 규칙적이고 지속적으로 말씀을 묵상하겠습니다.

얼마 전에 다퉜던 김 집사님과 화해를 하겠습니다.

기도로 아뢰기와 주기도

하나님, 말씀을 통해 좋은 열매 맺는 삶을 소망하고 살아가게 하소서. 예수 그리스도의 이름으로 기도합니다. 아멘.

제15과 주님 안에서 누리는 쉼

주안점 / 주님 안에서 누리는 참된 쉼으로 인생의 후반부를 풍성하게 살아갑시다.

오늘의 믿음구호 외치기 _ "노년의 새 출발, 주님 안에 참된 쉼으로 시작하자."

★ 본문말씀 _ 마태복음 11 : 25~30

"수고하고 무거운 짐 진 자들아 다 내게로 오라 내가 너희를 쉬게 하리라"(28절)

★ 함께 부르는 찬송 _ 찬송가 369장 1절

1. 죄 짐 맡은 우리 구주 어찌 좋은 친군지 걱정 근심 무거운 짐 우리 주께 맡기세
주께 고함 없는 고로 복을 받지 못하네 사람들이 어찌하여 아뢸 줄을 모를까

생각으로의 초대

우리는 부모님을 떠나 인생의 반려자를 만나고 가정을 이룹니다. 남편, 아내, 자녀, 부모님을 돌보기 위해 새벽부터 부지런히 살았습니다. 시간이 지나 이제 자녀들은 출가하고 그동안 집중하던 삶의 과업들을 하나씩 내려놓는 시기를 맞이하였습니다. 이제 인생의 후반부를 시작하는 시기입니다. 노년의 시기는 어떻게 시작하는 것이 좋을까요? 무엇이 우리에게 참된 쉼을 누리게 할 수 있을까요?

말씀으로의 초대

하나님께서는 우리를 참된 쉼으로 초청하십니다.

하나님의 말씀은 우리를 올바른 길로 인도합니다. "수고하고 무거운 짐 진 자들아 다 내게로 오라 내가 너희를 쉬게 하리라"고 말씀하셨습니다(마 11 : 28). 우리의 참된 안식은 쉼을 만드신 주님 안에서만 누릴 수 있습니다. 어거스틴은 "우리 영혼이 당신의 품 안에 돌아가 쉴 때까지 나에게 결코 평안이 없었나이다."라고 했습니다. 참된 안식은 주님을 예배하고 주님 안에서 지낼 때 주어집니다. 주님 안에서의 쉼은 회복의 시간이고 자신을 돌아볼 수 있는 기회이며 미래를 준비하는 원동력이 됩니다. 주님과의 깊은 교제는 주님의 임재와 참된 안식, 온전한 재충전을 갖게 합니다.

인간은 로봇이 아닙니다. 로봇도 계속 일만 하면 금세 고장이 나고 맙니다. 쉴 때가 있어야 일도 잘할 수 있습니다. 하나님께서 십계명을 통해서도 엿새 동안은 열심히 일하고 하루는 쉴 것을 말씀하셨습니다. 건강하고 능률적인 일을 위해서 쉼의 시간을 확보하는 것이 필요합니다. 쉼에는 육체적인 쉼과 영적인 쉼이 있습니다. 우리는 육체의 쉼을 위하여 좋아하는 곳, 편안한 곳을 찾아가기도 합니다. 또한 영적인 쉼을 위하여 예수님께 나아가야 합니다.

주님이 주시는 쉼은 참된 안식입니다.

주님께 나오면 마음에 쉼을 얻습니다. 믿음이 가져다주는 복 중에 하나는 마음의 안식입니다. 우리가 예수께 나가면 우리는 참된 안식을 누리게 됩니다. 노년의 시기, 우리는 삶의 끝자락에 도달했을지 모른다는 불안과 초조함을 느끼기도 합니다. 마음에 두려움과 불안의 원인은 여러 가지입니다. 그러나 대체로 마음의 무거운 짐을 진 까닭입니다. 죄와 근심, 곤고 그리고 두려움이 우리를 짓누릅니다. 마음의 짐을 주님께 내어 드리고 쉼의 안식을 누려 봅시다.

삶으로의 초대

조용한 장소를 택합니다. 그리고 자주 사용하는 텔레비전, 라디오, 핸드폰 등을 끄고, 이웃과의 대화도 멈추어 봅시다. 눈을 감고 "하나님 사랑합니다." "하나님, 내 삶을 주님께 맡깁니다."라고 기도해 봅시다. (이때, 쇼파에 기대거나 누워도 좋습니다.) 하나님께서 주시는 안식을 누려 봅시다.

기도로 아뢰기와 주기도

하나님, 주님 안에서의 쉼을 통해 참된 안식의 기쁨을 누리게 하소서. 예수 그리스도의 이름으로 기도합니다. 아멘.

제16과 가장 큰 계명, 사랑

주안점 / 하나님께서 우리를 사랑하시듯, 이웃을 사랑하는 인생이 됩시다.

오늘의 믿음구호 외치기 _ "하나님을 사랑하는 만큼, 이웃을 사랑하는 사람이 되자!"

★ 본문말씀 _ 마태복음 22 : 39~40

"둘째도 그와 같으니 네 이웃을 네 자신같이 사랑하라 하셨으니 이 두 계명은 온 율법과 선지자의 강령이니라"(39–40절)

★ 함께 부르는 찬송 _ 찬송가 220장 1절

1. 사랑하는 주님 앞에 형제자매 한자리에 크신 은혜 생각하며 즐거운 찬송 부르네
내 주 예수 본을 받아 모든 사람 내 몸같이 환난 근심 위로하고 진심으로 사랑하세

생각으로의 초대

1958년, 미국 필라델피아에서 한국 유학생 오인호 군이 부산의 집으로 쓴 편지를 우체통에 넣고 막 돌아섰습니다. 그때 갑자기 열한 명의 건장한 청소년들이 그에게 달려들었습니다. 주먹으로 때리고, 발로 차고, 칼로 찔렀습니다. 16살의 꿈 많던 그는 그 자리에서 죽음을 맞이했습니다. 48시간 후 범인들은 모두 체포되었습니다. 미국 신문들은 하나같이 그들이 미성년자이지만 사형해야 한다고 대서특필하였습니다. 이때 한국으로부터 한 통의 편지가 배달되었습니다. 두 가지 부탁이 담긴 오인호 군 어머니의 편지였습니다. 사건이 있은 후 매일같이 눈물로 기도하던 오인호 군의 dj머니는 가족회의에서 결정했다며 그 청소년들에게 법이 허락하는 가장 가벼운 벌을 적용해 줄 것을 부탁했습니다. 또 가족들이 얼마의 돈을 모았는데 그들의 올바른 교육을 위해 써 주기를 바란다는 내용이었습니다. 이 소식은 신문에 크게 보도되었습니다. 많은 사람들은 자신들의 아픔을 뛰어넘어 원수를 사랑하려는 오인호 군의 가정에 감동을 받았습니다. 그 후 오인호 군의 가족이 보여 준 고귀한 사랑의 정신을 기념하기 위하여 필라델피아 교회들을 중심으로 장학기금이 마련되었습니다. 이 기금은 곧이어 한국의 기독교 학교인 숭실대학교에 전해져 "필라델피아 장학금"이란 이름으로 학생들에게 전달되었습니다.

혹시 여러분도 도저히 사랑할 수 없는 사람을 사랑했거나, 용서할 수 없을 것 같은 사람을 용서했던 경험이 있나요?

말씀으로의 초대

하나님 사랑과 이웃 사랑은 함께합니다.

하나님께서 왜 십계명을 주셨을까요? 이스라엘 백성은 애굽에서 노예로 살았습니다. 그때 그들은 노예근성에 젖어 있었습니다. 노예근성의 핵심은 복종입니다. 그들은 수동적인 복종의 삶을 살았습니다. 그런데 하나님께서 그들에게 자유를 주었습니다. 그들은 자유인이 되었습니다. 자유인이 가져야 할 근성은 사랑입니다. 하나님께서는 이스라엘 백성이 노예처럼 복종하며 사는 것이 아니라, 자유인으로 사랑하며 살기를 원하셨습니다. 이것이 바로 십계명을 주신 이유입니다. 십계명은 자유인으로 사랑하며 살라고 주신 것입니다. 모든 율법의 핵심은 사랑입니다. 이것이 구약의 핵심입니다.

한 율법사가 예수님을 시험하기 위해 물었습니다. "율법 중에서 어느 계명이 가장 큽니까?" 예수님은 대답하셨습니다. "하나님을 사랑하는 것이 첫째요, 둘째도 똑같으니 네 이웃을 네 자신같이 사랑하는 것이다." 구약의 핵심, 십계명의 핵심도 사랑입니다. 그 사랑은 하나님 사랑과 이웃 사랑입니다. 율법의 핵심도, 선지자들의 가르침도, 하나님 사랑과 이웃 사랑입니다. 예수님은 구약에서 말하는 율법의 정신이 무엇인지 분명하게 말씀하고 계십니다. 여기 중요한 부분이 있습니다. 첫째는 당시 바리새인들은 하나님 사랑을 우선으로 여겼다는 것입니다. 그런데 예수님은 하나님 사랑과 이웃 사랑을 같은 것으로 여겼다는 것입니다. 둘째는 이웃의 개념입니다. 바리새인들에게 이웃은 유대인입니다. 세리와 창기는 유대인이라도 이웃은 아니었습니다. 그러나 예수님이 말씀하신 이웃은 세상의 모든 사람입니다. 예수님은 사람을 구별하지 않으셨습니다. 예수님의 사랑에는 구별이 없었습니다.

사람을 존중하고 사랑하는 그리스도인이 됩시다.

우리는 하나님을 사랑하고, 이웃을 사랑한다고 하면서 정말 구별이 없는 사랑을 하고 있을까요? 우리가 하나님을 사랑하는 사람이라면, 사람을 차별 없이 사랑해야 합니다. 사람을 존중하고 사랑하는 그리스도인이 되어야 합니다. 이것이 바로 하나님을 사랑하는 사람이 지켜야 할 가장 큰 계명입니다. 인생의 경륜이란 더 많이 아는 것이 아니라 사람을 더 깊이 이해하고 사랑하는 것입니다. 나이가 들수록 사람을 더 사랑하는 인생이 되시기를 바랍니다.

삶으로의 초대

사람이 나이가 들어 가면 시력도 나빠지고, 소리도 잘 들리지 않습니다. 치아도 빠지고 발음도 부정확해집니다. 발음이 부정확하다보니 대인관계도 소원해질 수 있고 자신감이 사라집니다. 나이가 들수록 발음을 연습하는 것이 중요합니다.

준비물 : 성경책, 노트, 펜

소요시간 : 20분

① 입 주변의 근육을 포함하여 얼굴 근육 전체를 손으로 풀어 줍니다.

② 혀의 근육을 풀어 줍니다. 혀를 길게 내밀었다가 다시 원상태로 돌리는 것을 10회 정도 반복합니다.

③ 몸의 긴장을 풀어 주어야 합니다. 심호흡을 하면서 몸의 힘을 뺍니다. 몸이 긴장되면 정확한 발음을 할 수 없습니다.

④ 이제 성경책을 읽습니다. 처음부터 빠르게 읽지 말고, 정확하게 천천히 읽으십시오. 점점 빠르게 읽었다가 다시 천천히 읽는 것을 반복하십시오. 중요한 것은 정확하게 읽는 것입니다.

⑤ 어려운 단어나 문장은 노트에 기록하여 그것만 별도로 반복하여 읽습니다.

⑥ 역대상 1~9장은 많은 사람들의 이름이 기록되어 있습니다. 성경 중에서 발음하기 어려운 부분이기도 합니다. 고난도에 도전하시려면 이 부분을 읽어 보는 것도 좋습니다.

⑦ 말을 잘하거나 기도를 잘하고 싶다면 그것을 기록하며 반복하여 큰 소리로 읽는 것이 좋습니다.

⑧ 누군가와 중요한 대화를 해야 할 일이 있다면, 먼저 대화할 내용을 정리해서 읽어 보는 것이 좋습니다.

기도로 아뢰기와 주기도

하나님, 하나님을 사랑하듯 이웃을 돌보고 사랑하는 자녀가 되게 하소서. 예수 그리스도의 이름으로 기도합니다. 아멘.

제17과 섬김으로 빛나는 신앙

주안점 / 섬기는 자리를 값지게 여기는 삶이 됩시다.

오늘의 믿음구호 외치기 _ "내가 먼저 다른 사람을 섬기는 종이 되자!"

본문말씀 _ 마가복음 10 : 35~45

"너희 중에 누구든지 으뜸이 되고자 하는 자는 모든 사람의 종이 되어야 하리라"(44절)

함께 부르는 찬송 _ 찬송가 311장 1절

1. 내 너를 위하여 몸 버려 피 흘려 네 죄를 속하여 살길을 주었다

널 위해 몸을 주건만 너 무엇 주느냐 널 위해 몸을 주건만 너 무엇 주느냐

생각으로의 초대

열두 사도는 예수님이 십자가에서 돌아가실 때 모두 도망갔던 사람들입니다. 그러나 그들 대부분은 순교로 생을 마감했습니다. 예수님의 말씀이 어떻게 그들의 삶을 변화시키는 능력이 되었을까요?

말씀으로의 초대

예수님은 으뜸의 자리가 아닌 종의 자리로 제자들을 부르십니다.

어느 날 세베대의 아들 야고보와 요한이 예수님께 요구합니다. "주님이 영광을 받으실 때에 저희를 오른쪽과 왼쪽에 앉게 하여 주십시오." 나중에 열 제자가 이 이야기를 듣고, 야고보와 요한에게 분통을 터뜨립니다. 예수님은 제자들을 모두 곁에 불러 모으셨습니다. "이 세상의 통치자들이 얼마나 위세를 부리며, 사람들을 마구 내리누르는지 너희는 잘 알 것이다. 사람들은 아주 작은 권력이라도 생기면 거기에 취해 세도를 부린다. 너희는 그렇게 해서는 안 된다. 너희 가운데서 누구든지 위대하게 되고자 하는 사람은 섬기는 사람이 되어야 한다. 누구든지 으뜸이 되고자 하는 자는 모든 사람의 종이 되어야 한다."

주의 은혜를 힘입어 섬기는 자리를 감당할 수 있습니다.

사람에게는 누구나 다른 사람보다 높아지고 싶은 마음이 있습니다. 제자들이 보았던 예수님의 모습은 이런 마음을 충족시키기에 차고 넘쳤습니다. 갈릴리에서 이적과 기적, 거침없는 능력의 말씀으로 영적인 권세들마저 제압하시던 예수님은 모든 사람들의 관심을 사로잡기에 충분했고, 제자들은 이런 스승을 만났던 것 자체가 영광이었습니다.

그러나 예루살렘에 오르시면서 예수님은 고난과 죽음을 예고하십니다. "인자는 섬김을 받으러 온 것이 아니라 섬기러 왔다. 많은 사람을 구원하기 위해 치를 몸값으로 목숨을 내어 주려고 왔다." 예수님의 말씀을 들으면서 느꼈을 제자들의 당혹감과 두려움은 사실 예수님을 따르는 우리 모두가 겪고 있는 당혹감과 두려움입니다. 주님을 따라가는 길이 종의 길이요, 십자가의 길이요, 그리스도의 길을 가는 교회의 모습이어야 하지만, 그것은 불가능해 보입니다. 그런데 희망이 있습니다. 예수님에게 첫 번째가 되기를 구했던 그들이지만, 야고보는 이후 초기 교회의 순교사가 되었고, 동생 요한도 목숨을 아끼지 않는 사랑과 섬김의 삶을 살다가 에베소에서 생을 마쳤습니다. "내가 마시는 잔을 너희가 마실 수 있겠느냐?" 이 말씀을 그때는 이해할 수 없었지만 십자가에서 죽으시고 다시 부활하신 예수님을 만난 후, 그들은 예수님이 마셨던 고난과 섬김의 잔을 마실 수 있게 되었고, 모든 형제들을 위해 종이 되는 삶으로 거듭났습니다. 모두가 높은 자리, 성공과 명예, 힘과 권력을 향해 달려가는 이 세상에서 꼴찌로 가는 십자가의 길은 너무나 어리석어 보입니다. 그러나 우리 모두가 가야 할 길이며, 오직 주의 은혜를 힘입어야 살아낼 수 있는 신앙의 길입니다. "정말 나는 가장 낮은 자리에서 모두를 섬기는 이 신앙을 자랑스럽게 여기고 있습니까?"

삶으로의 초대

섬김은 하나의 덕목이기 이전에 그렇게 살겠다는 결단이고 선택입니다. 예수님을 본받아 나도 다른 사람들에게 대접받기보다는 낮은 자리에서 섬기는 삶을 살겠다는 다짐입니다.

오늘 내가 먼저 찾아가 섬겨야 할 사람은 누구입니까? 세 명 정도 이름을 적어 보고, 어떤 섬김을 실천할 것인지 적어 봅시다.

기도로 아뢰기와 주기도

하나님, 고난과 섬김의 길을 가신 주님을 끝까지 따라갈 수 있는 용기를 허락하옵소서. 예수 그리스도의 이름으로 기도합니다. 아멘.

제18과 사랑으로 따뜻한 시선

주안점 / 사랑으로 따뜻한 신앙의 시력을 회복합시다.

오늘의 믿음구호 외치기 _ "남을 탓하기 전에 나를 먼저 바라보자!"

★ 본문말씀 _ 누가복음 6 : 39~42

"어찌하여 형제의 눈 속에 있는 티는 보고 네 눈 속에 있는 들보는 깨닫지 못하느냐"(41절)

★ 함께 부르는 찬송 _ 찬송가 424장 1절

1. 아버지여 나의 맘을 맡아 주관하시고 완악하고 교만한 것 변케 하여 주소서

생각으로의 초대

초등학교에서 운동회를 위해 학생들이 발을 맞추며 걷는 행진 연습을 하고 있었습니다. 그런데 며칠을 연습해도 한 아이가 발을 못 맞추는 것이었습니다. 선생님은 고쳐주려고 여러 날 애를 씁니다. 드디어 운동회 날이 되었습니다. 연습 때 발을 못 맞추던 아이는 결국 그날도 발을 못 맞추었습니다. 선생님은 참으로 안타까웠지요. 그런데 운동회가 끝난 후, 그 아이의 엄마가 사람들 앞에서 말하는 소리가 들렸습니다. "세상에, 이 학교 아이들은 우리 아이 빼고는 발 하나 제대로 맞추는 아이가 없네요. 글쎄 우리 아이가 왼발을 내딛으면 다른 아이들은 모두 오른발을 내딛고 있네요. 정말 한심한 아이들만 있어요."

자기 아이가 문제인데 다른 모든 아이들을 탓하고 있는 저 엄마에게 무슨 말을 해 줄 수 있을까요?

말씀으로의 초대

타인을 향한 우리의 시선을 돌아보십시오.

예수님은 제자들에게 이웃에 대한 태도를 가르쳐 주시면서 구덩이로 인도하는 맹인을 비유로 말씀하셨습니다. 누구를 선생으로 모시고 인생길을 걸어야 할지 신중하게 선택하라는 가르침입니다. 주님을 인생의 길잡이로 삼고 따라갈 수 있는 우리는 참 복 있는 사람들입니다. 그런데 이어지는 주님의 말씀은 참 당황스럽습니다. "너희는 어찌하여 남의 눈 속에 있는 티는 보면서 너의 눈 속에 있는 들보는 깨닫지 못하느냐?" 들보란 건물을 지을 때 천장이나 바닥에 대는 지지대를 말합니다. 크고 육중한 통나무와 같은 들보에 반해 티는 눈에 쉽게 띄지도 않는 아주 작은 것입니다. 인간은 다른 사람의 눈에 있는 그 작은 먼지까지 볼 수 있는가 하면 자신의 눈을 통째로 가려 버리는 들보는 깨닫지 못하는 어리석은 존재입니다. 우리들은 들보만큼이나 크고 단단한 자기의 기준을 가지고 다른 사람을 평가하는 데 이숙합니다. 어쩌면 나이가 들면서 우리 눈의 들보는 점점 더 크고 견고해지기도 합니다.

말씀을 통해 자신을 돌아보아야 합니다.

상대방의 작은 티가 내 눈에 쉽게 들어오는 까닭은 어쩌면 내 안에 있는 들보 때문입니다. 다른 사람의 욕심이 눈에 들어올 때, 내 안에 나도 모르게 쌓여 있는 탐욕의 덩어리가 작용하는 까닭입니다. 예수님은 누구보다도 우리를 정확하게 알고 계셨습니다. 나를 먼저 살피기 전에 다른 사람을 탓하는 데 익숙해져 버린 우리의 모습을 보셨습니다. 인생을 살아가는 방식이 늘 다른 사람의 약점을 들추어내고, 잘못을 비난하는 것에 초점이 있다면, 그 사람 곁에 누가 남아 있을 수 있겠습니까? 예수님의 사역을 주목해서 보면 신앙이란 바로 시각교정이란 것을 알게 됩니다. 남을 향해 돌렸던 시각을 나를 향해 돌리는 것, 이것이 신앙입니다. 먼저 자신에게 초점을 맞추고, 자신의 문제에 대해 묻기 시작할 때 자신이 얼마나 부족하고 연약한 존재인지 깨닫게 됩니다. 신앙은 이렇게 남을 향하던 손끝을 자신을 향하게 하는 것입니다. 하나님 앞에서 먼저 나를 보는 것입니다. 남을 비난하던 눈빛으로는 보이지 않던 해결점이 나를 먼저 볼 때 전혀 다른 모습으로 열릴 것입니다.

시각교정의 첫걸음은 형제와 이웃들 안에 계신 하나님을 바라보고 그들을 긍정하는 것에서부터 시작됩니다. 긍정의 언어에는 어떤 것들이 있는지 적어 봅시다.

삶으로의 초대

그때 왜 　　– 김남기 –

저 사람은 거짓말을 너무 좋아해,
저 사람과는 결별해야겠어,
하고 결심했을 때
그때 왜, 나의 수많은 거짓말했던 모습들이 떠오르지 않았지?

저 사람은 남을 너무 미워해,
저 사람과는 헤어져야겠어,
하고 결심했을 때
그때 왜, 내가 수많은 사람을 미워했던 모습들이 떠오르지 않았지?

저 사람은 너무 교만해,
그러니까 저 사람과 그만 만나야지,
하고 결심했을 때
그때 왜, 나의 교만했던 모습들이 떠오르지 않았지?

저 사람은 너무 이해심이 없어,
그러니까 저 사람과 작별해야지,
하고 결심했을 때
그때 왜, 내가 남을 이해하지 못했던 모습들이 떠오르지 않았지?

이 사람은 이래서, 저 사람은 저래서 하며
모두 내 마음에서 떠나보냈는데
이제 이곳에 나 홀로 남았네.

활동 – 나를 먼저 돌아볼 줄 아는 믿음의 시력을 회복시켜 주셔서, 다른 사람과 함께 따뜻하게 살아갈 수 있도록 하나님께 도움을 간구합시다.

기도로 아뢰기와 주기도

하나님, 늘 다른 사람을 탓하는 어리석은 삶을 살지 않도록 도와주소서. 다른 사람을 긍정하고 존중하는 법을 날마다 배울 수 있기를 원합니다. 예수 그리스도의 이름으로 기도합니다. 아멘.

추수감사절 - 감사의 열매, 감사의 은혜

주안점 / 감사로 드리는 신앙의 열매로 감사예배 드리는 노년의 삶을 삽시다.

오늘의 믿음구호 외치기 _ "감사의 예배를 회복하자! 감사의 기쁨을 이웃에게 나누자!"

★ 본문말씀 _ 시편 50장 23절

"감사로 제사를 드리는 자가 나를 영화롭게 하나니 그의 행위를 옳게 하는 자에게 내가 하나님의 구원을 보이리라"

★ 함께 부르는 찬송 _ 찬송가 592장 1절

1. 산마다 불이 탄다 고운 단풍에 골마다 흘러간다 맑은 물 줄기 황금빛 논과 밭에 풍년이 왔다 드맑은 하늘가에 노래 퍼진다 눈이 닿는 우주공간에 손이 닿는 구석구석에 우리 주님 주신 열매 우리 주님 주신 알곡 감사하자 찬송하자 감사하자 찬송하자 아멘

생각으로의 초대

뉴욕 할렘 빈민가 출신의 한 소년이 17세가 되던 해에 여름방학을 맞아 처음으로 음료수 제조공장에 아르바이트를 나갔습니다. 신이 나서 일하러간 첫날, 백인 아르바이트생들에게는 기계 앞에서 콜라를 담는 일이 주어졌으나 그에게는 걸레질이 주어졌습니다. 그는 콜라 기계 앞에 앉고 싶었지만 낙심하거나 불평하지 않았습니다. 오히려 최고의 청소부가 되기로 마음먹었습니다. 그래서 이리 뛰고 저리 뛰며 열심히 걸레질을 했습니다. 어느 날 지게차 운반 도중의 실수로 콜라 50상사를 시멘트 바닥에 넘어뜨려 코카콜라 거품이 마루 바닥 전체를 뒤덮었습니다. 혼자서는 그 일을 감당하기 힘들었지만 홀로 열심히 걸레질을 하여 깨끗이 치웠습니다.
방학이 끝나자 감독관이 그에게 말했습니다. "자네 정말 일을 잘하는군." 그는 "오히려 제게 배울 수 있는 기회를 주셔서 감사합니다."라고 말했습니다. 다음해 여름방학 때에 코카콜라 회사에 아르바이트를 하러간 그는 콜라를 채우는 기계 앞에 앉았고, 그 다음 해에는 부감독관으로 일하게 되었습니다.
어느 날 다른 인부들과 함께 도랑을 파는 아르바이트를 하게 되었습니다. 그 때에 한 사람이 삽을 몸에 기댄 채, 일은 하지 않고 회사가 충분한 임금을 주지 않는다며 불평만 하고 있었습니다. 반면 그 옆에 한사람은 부지런히 도랑을 파고 있었습니다.
몇 해가 지난 후에 다시 그 공장에 아르바이트를 하러 갔을 때에 그 전에 열심히 일한 사람은 지게차를 운전하고 있었으나 여전히 그 사람은 삽을 몸에 기댄 채 일은 하지 않고 회사에 대해 여러 가지 쓸 데 없는 불평을 늘어놓고 있었습니다.
여러 해가 흘러 다시 그곳에 갔을 때에 삽을 기댄 채 불평만 하던 그 사람은 원인불명의 병으로 장애인이 되어 회사에서 쫓겨났지만 열심히 일하던 사람은 사장이 되어 있었습니다. 이 흑인 소년은 교훈을 얻었습니다. 그는 어떠한 위치에 있어도 불평하지 않고 감사하겠다고 결심하였습니다. 그런 결심과 노력이 결국 그를 미국 최초 흑인 국무장관으로 만들었습니다. 그가 바로 '콜린 파웰'입니다.

나는 평소에 감사와 불평 중에 어떤 말을 더 많이 하나요?

말씀으로의 초대

진정한 감사를 드리는 사람은 감사의 대상이신 하나님께 관심의 초점을 둡니다.

창세기 4장에는 두 사람의 예배 모습이 나옵니다. 가인과 아벨 형제입니다. 각자 자신들이 수확한 것을 하나님 앞에 제물로 드렸지만, 하나님의 반응은 달랐습니다. 아벨의 제사는 하나님께서 받으셨지만 가인의 제사는 받지 않으셨습니다. 이것 때문에 가인이 분노했습니다. 그때 하나님께서 가인에게 "네가 선을 행하면 어찌 낯을 들지 못하겠느냐?"(창 4 : 7)고 말씀하십니다. 즉, 하나님 앞에서 낯을 들지 못하는 이유, 다시 말해서 하나님께서 제물을 받지 않으신 것은 가인이 선을 행하지 않기 때문이라고 말씀하십니다. 진정한 감사를 드리는 사람은 감사의 대상이신 하나님께 관심의 초점을 둡니다. 그래서 하나님께서 원하시는 것, 말씀하시는 것을 따라 선을 행하는 삶, '행위를 옳게 하는' 삶을 살아갑니다. 말로는 감사한다고 하면서 말씀에 어긋나는, 불순종하는 삶을 산다면 진정한 감사를 하고 있지 않는 것입니다.

감사로 제사 드리는 사람이 하나님을 영화롭게 하는 이유는, 감사를 받으시고 영광을 받으실 하나님께서 기뻐하시고 선하신 뜻대로 옳은 행위를 할 것이기 때문입니다. 진정한 감사의 예배, 하나님께서 기뻐하시는 삶으로 제사 드리는 노년이 되시기를 바랍니다.

진정한 감사의 예배를 드리기 위한 또 하나의 방법은, 하나님께서 주신 감사의 제목들을 작은 것 하나까지 찾아내도록 노력하는 것입니다. 하나님께서 우리에게 얼마나 많은 은혜를 베풀어 주셨는지 확인하면 할수록 더욱 감사가 넘치게 되고, 감사 예배를 드리게 됩니다. 그리고 지금까지 받은 은혜를 세어보면 앞으로도 역시 하나님께서 은혜 베풀어주실 것을 믿게 되고 더욱 감사하게 됩니다. 그래서 감사로 예배드리는 것은 하나님께서 기뻐하시는 옳은 행위가 되고, 믿음 가운데 있는 사람에게 하나님께서 도우시고 은혜 베푸시는 구원의 역사를 경험하게 하실 것이라고 말씀하여 주십니다.

하나님께서 기뻐하시는 예배를 드리기 위해서는 감사를 회복해야 합니다.

감사가 회복되는 것은 하나님의 은혜를 기억할 때 가능합니다. 하나님의 은혜를 기억하면 하나님을 영화롭게 하는 옳은 일을 하는 삶을 삽니다. 이때 하나님께서 우리를 통해 하나님의 일을 행하시며 은혜의 도구가 되게 하시고, 축복의 통로가 되게 하십니다. 감사하는 우리의 삶의 모습을 통해 우리 곁의 사람들이 하나님의 사랑과 은혜를 보게 되고 주님 앞에 나아와 구원을 받으며 모든 문제를 해결 받게 됩니다. 감사의 예배와 삶으로 하나님의 은혜의 역사를 체험하며 사시기 바랍니다.

옆에 있는 친구나 성도, 이웃에게 감사의 인사를 해보세요. "○○○! 감사하는 삶을 사십시다."

삶으로의 초대

하나님께 감사하는 마음을 가진 사람은 그 감사의 마음 때문에 하나님께서 기뻐하시는 일에도 관심을 가집니다. 추수감사절을 맞이하면서 하나님께서 베푸신 은혜에 대한 감사의 제목을 찾아보고 교회에 나오지 않는 이웃에게 나누어 보세요.

	이름	방문일시	방문 여부	추수감사절예배참석여부
1				
2				
3				

기도로 아뢰기와 주기도

하나님, 한 해 동안 베풀어 주신 은혜에 감사를 드리며 그 베푸신 은혜와 감사의 마음을 이웃과 나누면서 살겠습니다. 예수 그리스도의 이름으로 기도합니다. 아멘.

성탄절 - 큰 기쁨의 좋은 소식

주안점 / 구원의 기쁨을 온누리에 전하며 다시 오실 예수님을 깨어 기다립니다.

오늘의 믿음구호 외치기 _ "하늘에는 영광! 땅에는 평화를 선포하며 삽시다!"

★ 본문말씀 _ 누가복음 2장 1~14절

"지극히 높은 곳에서는 하나님께 영광이요 땅에서는 하나님이 기뻐하신 사람들 중에 평화로다 하니라"(14절)

★ 함께 부르는 찬송 _ 찬송가 108장 1절

1. 그 어린 주 예수 눌 자리 없어 그 귀하신 몸이 구유에 있네 저 하늘 별들이 반짝이는 데
그 어린 주 예수 꼴 위에 자네

생각으로의 초대

예수님이 태어나신 날이 12월 25일이 맞습니까? 예수님이 탄생하신 날이 12월 25일 인지 아닌지 알 수 없습니다. 성탄절이 12월 25일이다 아니다가 중요한 것이 아니라 성탄이 '사실'이라는 것이 중요한 것입니다. 초대 기독교회들은 하나님의 아들이 이 세상에 온 날을 굳이 알려고 하는 행위 자체를 불경하게 생각했습니다. 로마의 이교도들은 동지절(12월 24일~1월 6일)을 축제적인 명절로 지켰습니다. 그러다가 기독교가 로마의 종교가 되면서 서기 337년에 콘스탄틴 황제가 세례를 받았습니다. 기독교가 이교도를 정복했다는 의미에서 이교의 축제일인 동지를 그리스도의 탄생일로 정하고 12월 25일로 지키게 되었습니다. 그리고 그 날의 이름을 크리스마스(Christmas)라고 부르게 되었습니다. 크리스마스는 Christ(그리스도) + Mass(예배)가 합해서 된 말입니다.

말씀으로의 초대

예수님은 구약의 예언대로 오셨습니다.

2000년 전 예수님이 유대 땅에 오실 때 이스라엘은 로마의 식민지였습니다. 경제적으로는 로마에 세금을 착취당하고 헐벗고 굶주릴 수밖에 없었습니다. 사는 게 힘들고 어려울수록 민중들은 구약에서 말한 메시야를 기다리게 되었습니다. 그 기다림 끝에 예수님이 오셨습니다. 구약의 예언을 이루기 위해 한 걸음씩 한 걸음씩 사람들 사이로 들어가셨습니다. 예수님은 인류 구원을 위하여 예루살렘으로 입성하실 때 어린 나귀를 타셨습니다. 구약 선지자 스가랴의 말씀을 이루려하시기 위한 것입니다. "시온의 딸아 크게 기뻐할지어다 예루살렘의 딸아 즐거이 부를지어다 보라 네 왕이 네게 임하시나니 그는 공의로우시며 구원을 베푸시며 겸손하여서 나귀를 타시나니 나귀의 작은 것 곧 나귀 새끼니라"(슥 9:9). 시온의 딸이란 예루살렘 주민을 일컫는 말입니다. 시온은 예루살렘에 있는 산중에 하나였는데 나중에 예루살렘 전체를 시온이라 부르게 되었습니다. 이 시온에 큰 왕이 임하실 터인데 나귀를 타고 오실 것을 스가랴 선지자가 예언한 것입니다. 예수님께서 예루살렘에 올라오신 것은 선지자의 예언을 이루기 위함이었던 것입니다. 예수님의 탄생과 사역과 죽음과 부활은 모두 구약 성경의 예언대로 이루어진 사건들입니다.

예수님은 돌보시는 목자로 오셨습니다.

우리는 좋은 소식을 들으면 가장 가깝거나 귀한 사람에게 제일 먼저 전합니다. 그런데 왜 천사는 예수님의 탄생을 목자들에게 먼저 전했을까요? 예수님 당시에 목자들은 천한 사람에 속했습니다. 이런 사람들에게 큰 기쁨의 좋은 소식이 먼저 전해졌습니다. 복음의 기쁜 소식은 대상에 제한 없이 전해져야 한다는 것입니다. 온 백성들이 들어야 할 좋은 소식이기 때문입니다. 또한 목자들에게 성탄의 기쁜 소식을 먼저 알려 주신 이유는 예수님께서 길 잃은 양 같은 세상 사람들의 참 목자 되심을 의미하는 것입니다. 다윗은 하나님을 목자로 자신을 하나님의 어린양으로 고백했습니다. 목자는 양을 치기 위해서 긴 막대기 하나를 들고 다닙니다. 이 막대기가 양들을 인도할 때는 지팡이가 되고, 맹수들을 물리칠 때는 막대기가 됩니다. 그래서 주의 지팡이와 막대기로 나를 안위하신다고 표현한 것입니다. 예수님은 어린양과 같이 길을 잃은 인간들을 위해 세상에 선한 목자로 오셨습니다. 선한 목자로 오신 예수님은 우리가 생명을 얻고 더 풍성한 삶을 살고 누리기를 원하신다는 것을 기억하며 살아야 합니다.

예수님은 우리의 삶을 더 풍성한 삶을 누리도록 하기 위하여 오셨습니다. 어떻게 하면 더 풍성한 삶을 누릴 수 있을까요?

삶으로의 초대

기쁨의 성탄에 한 해를 돌아보며 감사하고 고맙고 은혜 받은 것을 크리스마스카드 한 장에 정성껏 꾸며 나눠 봅니다.

〈함께 만드는 축복의 크리스마스카드〉

1. 준비물 : 빈 카드(인원수만큼), 여러 생상의 사인펜, 파스텔 등

2. 방 법 :

① 원형으로 둘러앉은 후, 빈 카드를 한 장씩 나눠 준다.

② 빈 카드를 받으면 카드 위쪽에 자신의 이름을 적는다.

③ 빈 카드를 옆 사람에게 돌려, 빈 카드에 한 해 동안 고마웠던 점, 감사했던 점, 축복의 말 등을 그림이나 글로 써 준다.
④ 한 바퀴 다 돌면 다른 사람이 나를 위해 만들어 준 크리스마스카드가 완성된다.
⑤ 자신의 카드 내용을 읽어 주거나 보여 준다. 끝난 후 카드를 예배당이나 부서실 에 걸어 두면 좋은 전시작품이 된다.

기도로 아뢰기와 주기도

사랑의 하나님, 죄인인 우리를 구원하러 이 땅에 오심에 감사드립니다. 구약의 예언대로 오시어 우리의 선한 목자가 되어 주셨으니 성령님과 동행함으로 더 풍성한 삶을 살게 하여 주소서. 예수 그리스도의 이름으로 기도드립니다. 아멘.

말씀
청춘